Delicias Mediterráneas
Sabores auténticos para una cocina saludable

Marta García

resumen

pan de pita mediterraneo 9
Hummus de huevo endiablado 11
Muffins de trigo sarraceno con manzana y pasas 14
Muffins De Salvado De Calabaza 16
Panqueques de suero de leche de trigo sarraceno 18
Torrija con compota de almendras y melocotón 19
Avena con bayas y crema dulce de vainilla 21
Crepe de chocolate y fresas 23
Quiche de jamón y espárragos 25
Pasteles De Queso De Manzana 27
Tocino y huevos 29
Muffin de naranja y arándanos 31
14. Avena al horno con jengibre y cobertura de pera 32
Tortilla vegetariana al estilo griego 33
batido de verano 35
Pitas de jamón y huevo 36
cuscús para el desayuno 38
Ensalada De Durazno Para El Desayuno 40
avena salada 41
Tosta de tahini y manzana 42
Huevos revueltos de albahaca 43
Patatas griegas y huevos. 44
Batido con aguacate y miel 46
tortilla de verduras 47

Mini Envolturas De Ensalada 49

Cuscús de manzana al curry 50

Cordero Y Verduras 51

Platija con hierbas 53

Coliflor Quinua 54

Batido de mango y pera 55

tortilla de espinacas 56

Panqueques con almendras 58

Ensalada de frutas de quinua 60

Batido De Ruibarbo De Fresa 61

papilla de cebada 62

Batido De Calabaza De Pan De Jengibre 63

jugo verde 64

Batido de nueces y dátiles 65

Cóctel de frutas 66

Batido de plátano y chocolate 67

Yogur con arándanos, miel y menta 68

Parfait con frutas y yogur 69

Avena con frutas y pipas de girasol 70

Grano rápido de almendra y arce 71

Avena con plátano 73

un sándwich de desayuno 74

Cuscús de la mañana 76

Batido de aguacate y manzana 78

mini tortilla 79

Avena de tomates secos 81

huevos sobre aguacate 82

Huevos Brekky - puré de patatas 84

Sopa De Tomate Y Albahaca 86

Humus de calabaza 88

Magdalenas de jamón 89

ensalada de espelta 90

Arándanos y dátiles 91

Tortilla de lentejas y queso cheddar 92

Sandwich de atún 94

ensalada de espelta 95

Ensalada de garbanzos y calabacines 97

Ensalada de alcachofas a la provenzal 99

ensalada búlgara 101

Un plato de ensalada de falafel 103

Ensalada griega ligera 105

Ensalada de rúcula con higos y nueces 107

Ensalada de coliflor con vinagreta de tahini 109

Ensalada mediterránea de patata 111

Ensalada de quinoa y pistacho 113

Ensalada de pollo y pepino con aderezo picante de maní 115

Paella de verduras 116

Cazuela De Berenjenas Y Arroz 118

cuscús con verduras 121

Kushari 124

Bulgur con tomates y garbanzos 127

macarrones de caballa 129

Macarrones Con Tomates Cherry Y Anchoas 131

Risotto con limón y gambas 133

espaguetis con almejas	135
sopa de pescado griega	137
Arroz venus con gambas	139
Pennette de salmón y vodka	141
carbonara de marisco	143
Garganelli con pesto de calabacín y gambas	145
Arroz con salmón	148
Pasta con tomates cherry y anchoas	150
Orecchiette Brócoli Y Salchicha	152
Risotto de radicchio y beicon ahumado	154
Pasta alla genovesa	156
Pasta de coliflor napolitana	159
Pasta y frijoles Naranja e hinojo	161
espaguetis al limón	163
Cuscús de verduras especiadas	164
Arroz al horno especiado con hinojo	166
Cuscús marroquí con garbanzos	168
Paella vegetariana con judías verdes y garbanzos	170
Gambas al ajillo con tomate y albahaca	172
paella de gambas	174
Ensalada de lentejas con aceitunas, menta y queso feta	176
Garbanzos con ajo y perejil	178
Garbanzos al vapor con berenjena y tomate	180
Arroz griego con limon	182
Arroz con hierbas aromáticas	184
Ensalada mediterránea de arroz	186
Ensalada de habas frescas y atún	188

Deliciosa pasta de pollo 190

tacos mediterraneos 192

Sabrosos macarrones con queso 194

Arroz con Pepino y Aceitunas 196

Risotto de hierbas aromáticas 198

Deliciosas pastas Primavera 200

Pasta con pimientos al horno 202

Queso Albahaca Tomate Arroz 204

pastas con atún 206

Sándwiches mixtos de aguacate y pavo 208

Pollo con pepino y mango 210

Fattoush - pan de Oriente Medio 212

Focaccia de ajo y tomate sin gluten 214

Hamburguesa a la plancha con champiñones 216

Mediterráneo Baba Ghanoush 218

pan de pita mediterraneo

Tiempo de preparación: 22 minutos
Hora de cocinar: 3 minutos
Porciones: 2
Nivel de dificultad: fácil

Ingredientes:

- 1/4 taza de pimiento rojo dulce
- 1/4 taza de cebolla picada
- 1 taza de sustituto de huevo
- 1/8 cucharadita de sal
- 1/8 cucharadita de pimienta
- 1 tomate cortado en trozos pequeños
- 1/2 taza de espinacas tiernas frescas picadas
- 1-1/2 cucharaditas de albahaca fresca picada
- 2 pitas enteras
- 2 cucharadas de queso feta desmenuzado

Indicación:

Cubra una sartén pequeña antiadherente con aceite en aerosol. Revuelva la cebolla y el pimiento rojo durante 3 minutos a fuego medio. Agregue el sustituto de huevo y sazone con sal y pimienta. Revuelva hasta que se solidifique. Mezcle las espinacas picadas, los tomates picados y la albahaca picada. Vierta sobre la focaccia. Cubra la mezcla de vegetales con su mezcla de huevo. Espolvorea con queso feta desmenuzado y sirve de inmediato.

Nutrición (por 100 g): 267 calorías 3 g de grasa 41 g de carbohidratos 20 g de proteína 643 mg de sodio

Hummus de huevo endiablado

Tiempo de preparación: 10 minutos
Hora de cocinar: 0 minutos
Porciones: 6
Nivel de dificultad: fácil

Ingredientes:

- 1/4 taza de pepino picado
- 1/4 taza de tomates finamente picados
- 2 cucharaditas de jugo de limón fresco
- 1/8 cucharadita de sal
- 6 huevos duros pelados, cortados a la mitad a lo largo
- 1/3 taza de hummus de ajo asado o cualquier sabor de hummus
- Perejil fresco picado (opcional)

Indicación:

Combine los tomates, el jugo de limón, el pepino y la sal, luego mezcle suavemente. Raspe las yemas de los huevos partidos por la mitad y guárdelos para usarlos más tarde. Coloque una cucharadita colmada de hummus en cada mitad de huevo. Cubra con perejil y 1/2 cucharadita de la mezcla de tomate y pepino. Servir inmediatamente

Nutrición (por 100 g): 40 calorías 1 g de grasa 3 g de carbohidratos 4 g

Huevos revueltos de salmón ahumado

Tiempo de preparación: 2 minutos

Hora de cocinar: 8 minutos

Porciones: 4

Nivel de dificultad: medio

Ingredientes:

- 16 onzas de sustituto de huevo, sin colesterol
- 1/8 cucharadita de pimienta negra
- 2 cucharadas de cebollas verdes picadas, mantenga la parte superior
- 1 onza de queso crema frío bajo en grasa, cortado en cubos de 1/4 de pulgada
- 2 onzas de hojuelas de salmón ahumado

Indicación:

Cortar el queso crema frío en cubos de ¼ de pulgada y reservar. En un tazón grande, mezcle el sustituto de huevo y la pimienta. Cubra una sartén antiadherente con aceite en aerosol a fuego medio. Agregue el sustituto de huevo y cocine durante 5 a 7 minutos o hasta que cuaje, revolviendo ocasionalmente y raspando el fondo de la sartén.

Agregue el queso crema, las cebollas verdes y el salmón. Continúe cocinando y revolviendo durante otros 3 minutos o hasta que los huevos aún estén húmedos pero bien cocidos.

Nutrición (por 100 g): 100 calorías 3 g de grasa 2 g de carbohidratos 15 g de proteína 772 mg de sodio

Muffins de trigo sarraceno con manzana y pasas

Tiempo de preparación: 24 minutos
Hora de cocinar: 20 minutos
Porciones: 12
Nivel de dificultad: medio

Ingredientes:

- 1 taza de harina para todo uso
- 3/4 taza de harina de trigo sarraceno
- 2 cucharadas de azúcar moreno
- 1 cucharadita y media de polvo de hornear
- 1/4 de cucharadita de bicarbonato de sodio
- 3/4 taza de suero de leche bajo en grasa
- 2 cucharadas de aceite de oliva
- 1 huevo grande
- 1 taza de manzanas frescas, cortadas en cubitos, peladas y sin corazón
- 1/4 taza de pasas doradas

Indicación:

Precaliente el horno a 375 grados F. Cubra un molde para panecillos de 12 tazas con aceite en aerosol antiadherente para cocinar o forros de papel. Dejar de lado. Mezclar todos los ingredientes secos en un bol. Dejar de lado.

Batir los ingredientes líquidos hasta que quede suave. Vierta la mezcla líquida en la mezcla de harina y revuelva hasta que se humedezca. Agregue las manzanas cortadas en cubitos y las pasas. Llena cada molde para muffins aproximadamente 2/3 de su capacidad con la mezcla. Cocine hasta que estén doradas. Usa la prueba del palillo. Atender.

Nutrición (por 100 g): 117 calorías 1 g de grasa 19 g de carbohidratos 3 g de proteína 683 mg de sodio

Muffins De Salvado De Calabaza

Tiempo de preparación: 20 minutos
Hora de cocinar: 20 minutos
Número de porciones: 22
Nivel de dificultad: medio

Ingredientes:

- 3/4 taza de harina para todo uso
- 3/4 taza de harina de trigo integral
- 2 cucharadas de azúcar
- 1 cucharada de levadura en polvo
- 1/8 cucharadita de sal
- 1 cucharadita de especias para pastel de calabaza
- 2 tazas de cereal 100% salvado
- 1 taza y media de leche descremada
- 2 claras de huevo
- 15 oz x 1 lata de calabaza
- 2 cucharadas de aceite de aguacate

Indicación:

Precaliente el horno a 400 grados Fahrenheit. Prepare un molde para muffins de 22 y cúbralo con spray antiadherente para cocinar. Mezcla los primeros cuatro ingredientes hasta que se combinen. Dejar de lado.

Usando un tazón grande, combine la leche y el cereal con el salvado y deje reposar durante 2 minutos o hasta que el cereal esté tierno. Agregue el aceite, las claras de huevo y la calabaza a la mezcla de salvado y mezcle bien. Vierta la mezcla de harina y mezcle bien.

Divide la masa uniformemente en el molde para muffins. Hornee por 20 minutos. Retire los muffins de la sartén y sirva calientes o fríos.

Nutrición (por 100 g): 70 calorías 3 g de grasa 14 g de carbohidratos 3 g de proteína 484 mg de sodio

Panqueques de suero de leche de trigo sarraceno

Tiempo de preparación: 2 minutos
Hora de cocinar: 18 minutos
Porciones: 9
Nivel de dificultad: fácil

Ingredientes:

- 1/2 taza de harina de trigo sarraceno
- 1/2 taza de harina para todo uso
- 2 cucharaditas de polvo de hornear
- 1 cucharadita de azúcar moreno
- 2 cucharadas de aceite de oliva
- 2 huevos grandes
- 1 taza de suero de leche bajo en grasa

Indicación:

Mezclar los primeros cuatro ingredientes en un bol. Agregue el aceite, el suero de leche y el huevo y mezcle hasta que quede suave. Coloque la parrilla a fuego medio y rocíe con aceite en aerosol antiadherente. Vierta ¼ de taza de la masa en la sartén y fría durante 1-2 minutos por cada lado o hasta que estén doradas. Servir inmediatamente.

Nutrición (por 100 g): 108 calorías 3 g de grasa 12 g de carbohidratos 4 g de proteína 556 mg de sodio

Torrija con compota de almendras y melocotón

Tiempo de preparación: 10 minutos
Hora de cocinar: 15 minutos
Porciones: 4
Nivel de dificultad: fácil

Ingredientes:

- <u>Compuesto:</u>
- 3 cucharadas de sustituto de azúcar, hecho a base de sucralosa
- 1/3 taza + 2 cucharadas de agua, dividido
- 1 1/2 tazas de duraznos frescos pelados o congelados, descongelados y escurridos, en rodajas
- 2 cucharadas de pasta de durazno, sin azúcar agregada
- 1/4 cucharadita de canela molida
- <u>Tostada Francesa De Almendras</u>
- 1/4 taza de leche baja en grasa (descremada)
- 3 cucharadas de sustituto de azúcar, hecho a base de sucralosa
- 2 huevos enteros
- 2 claras de huevo
- 1/2 cucharadita de extracto de almendras
- 1/8 cucharadita de sal
- 4 rebanadas de pan multigrano
- 1/3 taza de almendras fileteadas

Indicación:

Para hacer la compota, disuelva 3 cucharadas de sucralosa en 1/3 taza de agua en una cacerola mediana a fuego medio-alto. Agregue los duraznos y deje hervir. Reduzca el fuego a medio y continúe cocinando, sin tapar, durante otros 5 minutos o hasta que los duraznos estén tiernos.

Mezcle el agua restante y la fruta para untar, luego revuelva los duraznos en la olla. Cocine por otro minuto o hasta que el almíbar se espese. Retire del fuego y agregue la canela. Tapa para mantener el calor.

Para hacer torrijas. Combine la leche y la sucralosa en un tazón grande y hondo y mezcle hasta que se disuelva por completo. Agregue las claras de huevo, los huevos, el extracto de almendras y la sal. Sumerge ambos lados de las rebanadas de pan en la mezcla de huevo durante 3 minutos o hasta que estén completamente empapados. Espolvorea ambos lados con almendras fileteadas y presiona firmemente para que se adhieran.

Cubra una sartén antiadherente con aceite en aerosol y colóquela a fuego medio-alto. Tueste las rebanadas de pan en una sartén durante 2 a 3 minutos por ambos lados o hasta que estén ligeramente doradas. Servir cubierto con compota de durazno.

Nutrición (por 100 g): 277 calorías 7 g de grasa 31 g de carbohidratos 12 g de proteína 665 mg de sodio

Avena con bayas y crema dulce de vainilla

Tiempo de preparación: 5 minutos

Hora de cocinar: Cinco minutos

Porciones: 4

Nivel de dificultad: fácil

Ingredientes:

- 2 tazas de agua
- 1 taza de avena instantánea
- 1 cucharada de sustituto de azúcar a base de sucralosa
- 1/2 cucharadita de canela molida
- 1/8 cucharadita de sal
- <u>Crema</u>
- 3/4 taza mitad y mitad sin grasa
- 3 cucharadas de sustituto de azúcar a base de sucralosa
- 1/2 cucharadita de extracto de vainilla
- 1/2 cucharadita de extracto de almendras
- <u>especia</u>
- 1 1/2 tazas de arándanos frescos
- 1/2 taza de frambuesas frescas o congeladas y descongeladas

Indicación:

Lleva el agua a ebullición y agrega la avena. Reduzca el fuego a medio y cocine la avena, sin tapar, durante 2 minutos o hasta que espese. Retire del fuego y agregue el sustituto de azúcar, la sal y la canela. En un tazón mediano, mezcle todos los ingredientes de la crema hasta que estén bien combinados. Cortar la avena cocida en 4 porciones iguales y verter sobre la nata dulce. Cubra con fresas y sirva.

Nutrición (por 100 g): 150 calorías 5 g de grasa 30 g de carbohidratos 5 g de proteína 807 mg de sodio

Crepe de chocolate y fresas

Tiempo de preparación: 5 minutos
Hora de cocinar: 10 minutos
Porciones: 4
Nivel de dificultad: fácil

Ingredientes:

- 1 taza de harina de trigo común 00
- 2/3 taza de leche baja en grasa (1%)
- 2 claras de huevo
- 1 huevo
- 3 cucharadas de azúcar
- 3 cucharadas de cacao en polvo sin azúcar
- 1 cucharada de mantequilla derretida enfriada
- 1/2 cucharadita de sal
- 2 cucharaditas de aceite de colza
- 3 cucharadas de crema de fresas
- 3 1/2 tazas de fresas frescas descongeladas o picadas
- 1/2 taza de cobertura batida congelada sin grasa descongelada
- hojas de menta fresca (si se desea)

Indicación:

Mezcle los primeros ocho ingredientes en un tazón grande hasta que estén suaves y bien combinados.

Extienda ¼ de cucharadita de aceite en una sartén pequeña antiadherente a fuego medio. Vierta ¼ de taza de la masa en el centro y revuelva para cubrir la sartén con la masa.

Cocine por un minuto o hasta que la crepa esté opaca y los bordes secos. Voltee hacia el otro lado y cocine por otro medio minuto. Repite el proceso con la mezcla restante y el aceite.

Coloque ¼ de taza de fresas descongeladas en el centro del panqueque y presione hasta cubrir el relleno. Cubra con 2 cucharadas de crema batida y decore con menta antes de servir.

Nutrición (por 100 g): 334 calorías 5 g de grasa 58 g de carbohidratos 10 g de proteína 678 mg de sodio

Quiche de jamón y espárragos

Tiempo de preparación: 5 minutos
Hora de cocinar: 42 minutos
Porciones: 6
Nivel de dificultad: fácil

Ingredientes:

- 2 1/2 pulgadas tazas de espárragos picados
- 1 pimiento rojo picado
- 1 taza de leche baja en grasa (1%)
- 2 cucharadas de harina de trigo integral 00
- 4 claras de huevo
- 1 huevo, entero
- 1 taza de jamón cocido picado
- 2 cucharadas de estragón o albahaca fresca picada
- 1/2 cucharadita de sal (opcional)
- 1/4 cucharadita de pimienta negra
- 1/2 taza de queso suizo, finamente picado

Indicación:

Precaliente el horno a 350 grados F. Cocine en el microondas el pimiento y los espárragos en una cucharada de agua a temperatura ALTA durante 2 minutos. Liberarlo. Mezcle la harina y la leche, luego agregue el huevo y las claras de huevo hasta que estén bien combinados. Agregue las verduras y otros ingredientes, excepto el queso.

Vierta en un molde para pasteles de 9 pulgadas y hornee por 35 minutos. Espolvoree el queso sobre el quiche y hornee por otros 5 minutos o hasta que el queso se haya derretido. Dejar enfriar durante 5 minutos y luego cortar en 6 gajos y servir.

Nutrición (por 100 g): 138 calorías 1 g de grasa 8 g de carbohidratos 13 g de proteína 588 mg de sodio

Pasteles De Queso De Manzana

Tiempo de preparación: 20 minutos
Hora de cocinar: 15 minutos
Porciones: 10
Nivel de dificultad: medio

Ingredientes:

- 1 taza de harina para todo uso
- 1 taza de harina de trigo integral, blanca
- 3 cucharadas de azúcar
- 1 cucharadita y media de polvo de hornear
- 1/2 cucharadita de sal
- 1/2 cucharadita de canela molida
- 1/4 de cucharadita de bicarbonato de sodio
- 1 manzana Granny Smith cortada en cubitos
- 1/2 taza de queso cheddar fuerte rallado
- 1/3 taza de puré de manzana, natural o sin azúcar
- 1/4 taza de leche, descremada (descremada)
- 3 cucharadas de mantequilla derretida
- 1 huevo

Indicación:

Precaliente el horno a 425 grados F. Prepare una bandeja para hornear forrándola con papel pergamino. Mezclar todos los ingredientes secos en un bol y mezclar. Agrega el queso y la manzana. Dejar de lado. Mezclar todos los ingredientes húmedos juntos. Vierta sobre la mezcla seca hasta que se combine y se convierta en una masa pegajosa.

Trabajar la masa sobre una superficie enharinada unas 5 veces. Pat, luego estirar en un círculo de 8 pulgadas. Cortar en 10 rebanadas diagonales.

Coloque en una bandeja para hornear y rocíe con aceite en aerosol. Hornea durante 15 minutos o hasta que estén ligeramente doradas. Atender.

Nutrición (por 100 g): 169 calorías 2 g de grasa 26 g de carbohidratos 5 g de proteína 689 mg de sodio

Tocino y huevos

Tiempo de preparación: 15 minutos
Hora de cocinar: 15 minutos
Porciones: 4
Nivel de dificultad: fácil

Ingredientes:

- 1 taza de sustituto de huevo, sin colesterol
- 1/4 taza de queso parmesano, rallado
- 2 rebanadas de tocino canadiense, cortado en cubitos
- 1/2 cucharadita de salsa de pimiento rojo
- 1/4 cucharadita de pimienta negra
- Tortillas de trigo integral de 4x7 pulgadas
- 1 taza de hojas de espinaca tierna

Indicación:

Precaliente el horno a 325 grados F. Combine los primeros cinco ingredientes para hacer el relleno. Vierta la mezcla en una fuente para hornear de vidrio de 9 pulgadas rociada con aceite en aerosol con mantequilla.

Cocine por 15 minutos o hasta que los huevos estén listos. Gárgaras. Coloque las tortillas en el horno por un minuto. Cortar la mezcla de huevo horneado en cuartos. Coloque un cuarto en el centro de cada tortilla y cubra con 1/4 taza de espinacas. Dobla la tortilla de abajo hacia el centro, luego de ambos lados hacia el centro para sellarla. Servir inmediatamente.

Nutrición (por 100 g): 195 calorías 3 g de grasa 20 g de carbohidratos 15 g de proteína 688 mg de sodio

Muffin de naranja y arándanos

Tiempo de preparación: 10 minutos
Hora de cocinar: 10-25 minutos
Porciones: 12
Nivel de dificultad: medio

Ingredientes:

- 1 3/4 tazas de harina para todo uso
- 1/3 taza de azúcar
- 2 cucharaditas y media de polvo de hornear
- 1/2 cucharadita de bicarbonato de sodio
- 1/2 cucharadita de sal
- 1/2 cucharadita de canela molida
- 3/4 taza de leche, descremada (descremada)
- 1/4 taza de mantequilla
- 1 huevo, grande, ligeramente batido
- 3 cucharadas de concentrado de jugo de naranja descongelado
- 1 cucharadita de vainilla
- 3/4 taza de arándanos frescos

Indicación:

Precaliente el horno a 400 grados F. Siga los pasos 2 a 5 para los muffins de trigo sarraceno, manzana y pasas. Llena los moldes para muffins con la mezcla hasta ¾ de su capacidad y hornea de 20 a 25 minutos. Deje enfriar durante 5 minutos y sirva caliente.

Nutrición (por 100 g): 149 calorías 5 g de grasa 24 g de carbohidratos 3 g de proteína 518 mg de sodio

14. Avena al horno con jengibre y cobertura de pera

Tiempo de preparación: 10 minutos
Hora de cocinar: 15 minutos
Porciones: 2
Nivel de dificultad: fácil

Ingredientes:

- 1 taza de avena antigua
- 3/4 taza de leche, descremada (descremada)
- 1 clara de huevo
- 1 1/2 cucharaditas de jengibre fresco rallado o 3/4 cucharadita de jengibre molido
- 2 cucharadas de azúcar morena, divididas
- 1/2 pera madura cortada en cubitos

Indicación:

Rocíe 2 moldes de 6 onzas con spray antiadherente para cocinar. Precaliente el horno a 350 grados F. Combine los primeros cuatro ingredientes y una cucharada de azúcar, luego mezcle bien. Vierta uniformemente entre 2 moldes. Añadir las rodajas de pera y la cucharada restante de azúcar. Hornee por 15 minutos. Servir caliente.

Nutrición (por 100 g): 268 calorías 5 g de grasa 2 g de carbohidratos 10 g de proteína 779 mg de sodio

Tortilla vegetariana al estilo griego

Tiempo de preparación: 10 minutos
Hora de cocinar: 20 minutos
Porciones: 2
Nivel de dificultad: fácil

Ingredientes:

- 4 huevos grandes
- 2 cucharadas de leche desnatada
- 1/8 cucharadita de sal
- 3 cucharaditas de aceite de oliva, dividido
- 2 tazas de Portobello bebé, en rodajas
- 1/4 taza de cebolla finamente picada
- 1 taza de espinacas tiernas frescas
- 3 cucharadas de queso feta, desmenuzado
- 2 cucharadas de aceitunas maduras, en rodajas
- Pimienta recién molida

Indicación:

Mezclar los tres primeros ingredientes. Combine 2 cucharadas de aceite en una sartén antiadherente a fuego medio-alto. Freír la cebolla y los champiñones durante 5-6 minutos o hasta que estén dorados. Agregue las espinacas y cocine. Retire la mezcla de la sartén.

En la misma sartén, caliente el resto del aceite a fuego medio-bajo. Vierta la mezcla de huevo y una vez que comience a cuajar, empuje los bordes hacia el centro para que la mezcla cruda se escurra. Cuando las huevas se endurezcan, saque la mezcla de vegetales a un lado. Espolvorea con aceitunas y queso feta, luego voltea al otro lado para sellar. Cortar por la mitad y espolvorear con pimienta para servir.

Nutrición (por 100 g): 271 calorías 2 g de grasa 7 g de carbohidratos 18 g de proteína 648 mg de sodio

batido de verano

Tiempo de preparación: 8 minutos
Hora de cocinar: 0 minutos
Porciones: 2
Nivel de dificultad: fácil
Ingredientes:

- 1/2 plátano, pelado
- 2 tazas de fresas, a la mitad
- 3 cucharadas de menta, picada
- 1 1/2 tazas de agua de coco
- 1/2 aguacate, sin hueso y pelado
- 1 dátil, picado
- Cubitos de hielo según sea necesario

Indicación:

Mezcle todo en una licuadora y mezcle hasta que quede suave. Agregue cubitos de hielo para espesar y sirva frío.

Nutrición (por 100 g): 360 calorías 12 g de grasa 5 g de carbohidratos 31 g de proteína 737 mg de sodio

Pitas de jamón y huevo

Tiempo de preparación: 5 minutos
Hora de cocinar: 15 minutos
Porciones: 4
Nivel de dificultad: fácil

Ingredientes:

- 6 huevos
- 2 chalotes, picados
- 1 cucharadita de aceite de oliva
- 1/3 taza de jamón ahumado, picado
- 1/3 taza de pimiento verde dulce, picado
- 1/4 taza de queso brie
- Sal marina y pimienta negra al gusto
- 4 hojas de lechuga
- 2 pan de pita integral

Indicación:

Caliente el aceite de oliva en una sartén a fuego medio. Agregue los chalotes y el pimiento verde y cocine durante cinco minutos, revolviendo con frecuencia.

Tome un tazón y bata los huevos, espolvoree con sal y pimienta. Asegúrate de que los huevos estén bien batidos. Agregue los huevos a la sartén, luego agregue el jamón y el queso. Mezcle bien y cocine hasta que la mezcla espese. Partir los bollos por la mitad y abrir los bolsillos. Extienda una cucharadita de mostaza en cada bolsillo y agregue una hoja de lechuga a cada uno. Cepille la mezcla de huevo en cada uno y sirva.

Nutrición (por 100 g): 610 calorías 21 g de grasa 10 g de carbohidratos 41 g de proteína 807 mg de sodio

cuscús para el desayuno

Tiempo de preparación: 5 minutos

Hora de cocinar: 15 minutos

Porciones: 4

Nivel de dificultad: medio

Ingredientes:

- 3 tazas de leche, baja en grasa
- 1 rama de canela
- 1/2 taza de albaricoques, secos y picados
- 1/4 taza de grosellas secas
- 1 taza de cuscús, crudo
- Una pizca de sal marina, fina
- 4 cucharaditas de mantequilla, derretida
- 6 cucharaditas de azúcar moreno

Indicación:

Calienta una sartén con la leche y la canela a fuego medio-alto. Cocine durante tres minutos antes de retirar la sartén del fuego.

Añadir los albaricoques, el cuscús, la sal, las grosellas y el azúcar. Mezcle bien y luego cubra. Ponga a un lado y deje reposar durante quince minutos.

Agregue el palito de canela y divida en tazones. Espolvorear con azúcar moreno antes de servir.

Nutrición (por 100 g): 520 calorías 28 g de grasa 10 g de carbohidratos 39 g de proteína 619 mg de sodio

Ensalada De Durazno Para El Desayuno

Tiempo de preparación: 10 minutos
Hora de cocinar: 0 minutos
Porciones: 1
Nivel de dificultad: fácil

Ingredientes:

- 1/4 taza de nueces picadas y tostadas
- 1 cucharadita de miel, cruda
- 1 durazno, sin hueso y en rodajas
- 1/2 taza de requesón, sin grasa y a temperatura ambiente
- 1 cucharada de menta, fresca y picada
- 1 limón, ralladura

Indicación:

Colocar la ricota en un bol y decorar con rodajas de durazno y nueces. Rociar con miel y decorar con menta.

Espolvorear con ralladura de limón inmediatamente antes de servir.

Nutrición (por 100 g): 280 calorías 11 g de grasa 19 g de carbohidratos 39 g de proteína 527 mg de sodio

avena salada

Tiempo de preparación: 10 minutos
Hora de cocinar: 10 minutos
Porciones: 2
Nivel de dificultad: fácil

Ingredientes:

- 1/2 taza de avena cortada en acero
- 1 taza de agua
- 1 tomate, grande y picado
- 1 pepino, en rodajas
- 1 cucharada de aceite de oliva
- Sal marina y pimienta negra al gusto
- Perejil plano, picado para decorar
- Queso parmesano, bajo en grasa y recién rallado

Indicación:

Pon a hervir la avena y una taza de agua en una olla a fuego alto. Revuelva con frecuencia hasta que el agua se absorba por completo, lo que tomará unos quince minutos. Divida en dos tazones y agregue los tomates y el pepino. Rociar con aceite de oliva y decorar con queso parmesano. Decorar con perejil antes de servir.

Nutrición (por 100 g): 408 calorías 13 g de grasa 10 g de carbohidratos 28 g de proteína 825 mg de sodio

Tosta de tahini y manzana

Tiempo de preparación: 15 minutos
Hora de cocinar: 0 minutos
Porciones: 1
Nivel de dificultad: fácil

Ingredientes:

- 2 cucharadas de tahini
- 2 rebanadas de pan integral tostado
- 1 cucharadita de miel, cruda
- 1 manzana, pequeña, sin corazón y en rodajas finas

Indicación:

Comience untando tahini en la tostada y luego coloque las manzanas encima. rocíe con miel antes de servir.

Nutrición (por 100 g): 366 calorías 13 g de grasa 9 g de carbohidratos 29 g de proteína 686 mg de sodio

Huevos revueltos de albahaca

Tiempo de preparación: 5 minutos
Hora de cocinar: 10 minutos
Porciones: 2
Nivel de dificultad: fácil

Ingredientes:

- 4 huevos, grandes
- 2 cucharadas de albahaca fresca, finamente picada
- 2 cucharadas de queso gruyere, rallado
- 1 cucharada de crema
- 1 cucharada de aceite de oliva
- 2 dientes de ajo, picados
- Sal marina y pimienta negra al gusto

Indicación:

Tome un tazón grande y mezcle la albahaca, el queso, la crema y los huevos. Batir hasta que esté bien combinado. Tome una sartén grande a fuego medio-bajo y caliente el aceite. Agregue el ajo, cocine por un minuto. Debe volverse dorado.

Vierta la mezcla de huevo en la sartén con el ajo, revolviendo constantemente para mantenerlos suaves y esponjosos mientras se cocinan. Sazonar bien y servir caliente.

Nutrición (por 100 g): 360 calorías 14 g de grasa 8 g de carbohidratos 29 g de proteína 545 mg de sodio

Patatas griegas y huevos.

Tiempo de preparación: 10 minutos
Hora de cocinar: 30 minutos
Porciones: 2
Nivel de dificultad: fácil

Ingredientes:

- 3 tomates, sin semillas y picados en trozos grandes
- 2 cucharadas de albahaca, fresca y picada
- 1 diente de ajo, picado
- 2 cucharadas + 1/2 taza de aceite de oliva, cantidad dividida
- sal marina y pimienta negra al gusto
- 3 papas rojas, grandes
- 4 huevos, grandes
- 1 cucharadita de orégano, fresco y picado

Indicación:

Toma el procesador de alimentos y pon los tomates en él y tritúralos con la piel.

Agregue el ajo, dos cucharadas de aceite, sal, pimienta y albahaca. Coloque esta mezcla en una cacerola y cocine, tapada, de veinte a veinticinco minutos a fuego lento. Su salsa debe ser espesa y burbujeante.

Corte las papas en dados, luego revuélvalas con ½ taza de aceite de oliva en una sartén a fuego medio-bajo.

Freír las papas hasta que estén crujientes y doradas. Esto debería tomar cinco minutos, así que cubra la sartén y reduzca el fuego a bajo. Cocine al vapor hasta que las papas estén listas.

Trabaja los huevos en la salsa de tomate y cocina a fuego lento durante seis minutos. Tus huevos deben estar listos.

Retire las papas de la sartén y séquelas con una toalla de papel. Póngalos en un tazón. Espolvorea con sal, pimienta y orégano, luego sirve los huevos con las papas. Rocíe la mezcla sobre la salsa y sirva caliente.

Nutrición (por 100 g): 348 calorías 12 g de grasa 7 g de carbohidratos 27 g de proteína 469 mg de sodio

Batido con aguacate y miel

Tiempo de preparación: 5 minutos

Hora de cocinar: 0 minutos

Porciones: 2

Nivel de dificultad: fácil

Ingredientes:

- 1 taza y media de leche de soya
- 1 aguacate, grande
- 2 cucharadas de miel, cruda

Indicación:

Combine todos los ingredientes y mezcle hasta que quede suave y sirva de inmediato.

Nutrición (por 100 g): 280 calorías 19 g de grasa 11 g de carbohidratos 30 g de proteína 547 mg de sodio

tortilla de verduras

Tiempo de preparación: 5 minutos
Hora de cocinar: 10 minutos
Porciones: 2
Nivel de dificultad: fácil

Ingredientes:

- 1/2 berenjena baby, pelada y cortada en cubitos
- 1 puñado de hojas de espinaca baby
- 1 cucharada de aceite de oliva
- 3 huevos, grandes
- 1 cucharadita de leche de almendras
- 1 onza de queso de cabra, desmoronado
- 1/4 pimiento rojo pequeño, picado
- sal marina y pimienta negra al gusto

Indicación:

Comience precalentando la rejilla sobre el horno, luego mezcle los huevos con la leche de almendras. Asegúrate de que esté bien mezclado, luego saca una fuente para horno antiadherente. Coloque a fuego medio-alto, luego agregue el aceite de oliva.

Una vez que el aceite esté caliente, agregue los huevos. Extienda las espinacas en una capa uniforme sobre esta mezcla y agregue el resto de las verduras.

Reduzca el fuego a medio y sazone con sal y pimienta. Deje que las verduras y los huevos se cocinen durante cinco minutos. La mitad inferior de los huevos debe estar firme y las verduras deben estar blandas. Agregue el queso de cabra y tueste en una rejilla mediana durante 3 a 5 minutos. Los huevos deben estar completamente cocidos y el queso debe estar derretido. Cortar en gajos y servir caliente.

Nutrición (por 100 g): 340 calorías 16 g de grasa 9 g de carbohidratos 37 g de proteína 748 mg de sodio

Mini Envolturas De Ensalada

Tiempo de preparación: 15 minutos

Hora de cocinar: 0 minutos

Porciones: 4

Nivel de dificultad: fácil

Ingredientes:

- 1 pepino, cortado en cubitos
- 1 cebolla roja, picada
- 1 onza de queso feta, bajo en grasa y desmenuzado
- 1 limón, exprimido
- 1 tomate picado
- 1 cucharada de aceite de oliva
- 12 hojas pequeñas de lechuga iceberg
- sal marina y pimienta negra al gusto

Indicación:

Mezcla el tomate, la cebolla, el queso feta y el pepino en un tazón. Mezcle el aceite y el jugo y sazone con sal y pimienta.

Rellena cada hoja con la mezcla de verduras y enrolla bien. Use un palillo para mantenerlos unidos al momento de servir.

Nutrición (por 100 g): 291 calorías 10 g de grasa 9 g de carbohidratos 27 g de proteína 655 mg de sodio

Cuscús de manzana al curry

Tiempo de preparación: 20 minutos
Hora de cocinar: Cinco minutos
Porciones: 4
Nivel de dificultad: medio

Ingredientes:

- 2 cucharaditas de aceite de oliva
- 2 puerros, solo las partes blancas, en rodajas
- 1 manzana, cortada en cubitos
- 2 cucharadas de curry en polvo
- 2 tazas de cuscús, cocido y de grano entero
- 1/2 taza de pecanas, picadas

Indicación:

Calentar el aceite en una sartén a fuego medio. Agregue los puerros y cocine hasta que estén suaves, lo que tomará cinco minutos. Agregue la manzana y cocine hasta que esté suave.

Agregue el curry y el cuscús y mezcle bien. Inmediatamente antes de servir, retirar del fuego y agregar las nueces.

Nutrición (por 100 g): 330 calorías 12 g de grasa 8 g de carbohidratos 30 g de proteína 824 mg de sodio

Cordero Y Verduras

Tiempo de preparación: 20 minutos
Hora de cocinar: 1 hora y 10 minutos
Porciones: 8
Nivel de dificultad: medio

Ingredientes:

- 1/4 taza de aceite de oliva
- 1 libra de cordero magro, deshuesado y cortado en trozos de ½ pulgada
- 2 papas rojas grandes, peladas y cortadas en cubitos
- 1 cebolla, picada aproximadamente
- 2 dientes de ajo, picados
- 28 oz de tomates cortados en cubitos con líquido, enlatados y sin sal
- 2 calabacines, cortados en rodajas de ½ pulgada
- 1 pimiento rojo, sin semillas y cortado en cubitos de 1 pulgada
- 2 cucharadas de perejil de hoja plana, picado
- 1 cucharada de pimentón
- 1 cucharadita de tomillo
- 1/2 cucharadita de canela
- 1/2 vaso de vino tinto
- sal marina y pimienta negra al gusto

Indicación:

Comience encendiendo el horno a 325, luego saque una olla grande para hervir a fuego lento. Poner a fuego medio-alto para calentar el aceite de oliva. Una vez que el aceite esté caliente, agregue el cordero y dore la carne. Revuelva con frecuencia para evitar que se escurra, luego coloque el cordero en la asadera. Cocine el ajo, la cebolla y las papas en la sartén hasta que estén suaves, lo que debería llevar otros cinco o seis minutos. Colóquelos en la fuente para hornear también. Agregue los calabacines, el pimiento y los tomates a la sartén con las hierbas y especias. Deje hervir durante otros diez minutos antes de verter en la fuente para hornear. Cubrir con salsa de vino y pimienta. Agregue el tomate y luego cubra con papel aluminio. Cocine por una hora. Durante los últimos quince minutos de cocción, retire la tapa y ajuste el condimento según sea necesario.

Nutrición (por 100 g): 240 calorías 14 g de grasa 8 g de carbohidratos 36 g de proteína 427 mg de sodio

Platija con hierbas

Tiempo de preparación: 20 minutos
Hora de cocinar: 1 hora y 5 minutos
Porciones: 4
Nivel de dificultad: medio

Ingredientes:

- 1/2 taza de perejil de hoja plana, ligeramente empacado
- 1/4 taza de aceite de oliva
- 4 dientes de ajo, pelados y partidos por la mitad
- 2 cucharadas de romero, fresco
- 2 cucharadas de hojas de tomillo, frescas
- 2 cucharadas de salvia, fresca
- 2 cucharadas de ralladura de limón, fresca
- 4 filetes de lenguado
- sal marina y pimienta negra al gusto

Indicación:

Precaliente el horno a 350°C, luego coloque todos los ingredientes excepto la platija en un procesador de alimentos. Mezcle hasta que se forme una pasta de nuez. Coloque los filetes en una bandeja para hornear y cúbralos con pan rallado. Déjalos enfriar en la nevera durante una hora. Hornear durante diez minutos. Sazonar y servir caliente.

Nutrición (por 100 g): 307 calorías 11 g de grasa 7 g de carbohidratos 34 g de proteína 824 mg de sodio

Coliflor Quinua

Tiempo de preparación: 15 minutos
Hora de cocinar: 10 minutos
Porciones: 4
Nivel de dificultad: fácil

Ingredientes:

- 1 1/2 tazas de quinua, cocida
- 3 cucharadas de aceite de oliva
- 3 tazas de floretes de coliflor
- 2 cebolletas, picadas
- 1 cucharada de vinagre de vino tinto
- sal marina y pimienta negra al gusto
- 1 cucharada de vinagre de vino tinto
- 1 cucharada de cebollín picado
- 1 cucharada de perejil picado

Indicación:

Comience calentando una sartén a fuego medio-alto. Agrega tu aceite. Una vez que el aceite esté caliente, añadir las cebolletas y sofreír durante unos dos minutos. Agregue la quinua y la coliflor, luego agregue el resto de los ingredientes. Mezcle bien y cubra.

Cocine durante nueve minutos a fuego medio y reparta en platos para servir.

Nutrición (por 100 g): 290 calorías 14 g de grasa 9 g de carbohidratos 26 g de proteína 656 mg de sodio

Batido de mango y pera

Tiempo de preparación: 5 minutos
Hora de cocinar: 0 minutos
Porciones: 1
Nivel de dificultad: fácil

Ingredientes:

- 2 cubitos de hielo
- ½ taza de yogur griego, natural
- ½ mango, pelado, sin hueso y rebanado
- 1 taza de repollo, picado
- 1 pera, madura, sin hueso y rebanada

Indicación:

Mezclar hasta obtener una mezcla espesa y homogénea. Servir frío.

Nutrición (por 100 g): 350 calorías 12 g de grasa 9 g de carbohidratos 40 g de proteína 457 mg de sodio

tortilla de espinacas

Tiempo de preparación: 10 minutos
Hora de cocinar: 20 minutos
Porciones: 4
Nivel de dificultad: fácil

Ingredientes:

- 3 cucharadas de aceite de oliva
- 1 cebolla, pequeña y picada
- 1 diente de ajo, picado
- 4 tomates, grandes, sin hueso y picados
- 1 cucharadita de sal marina, fina
- 8 huevos batidos
- ¼ cucharadita de pimienta negra
- 2 onzas de queso feta, desmenuzado
- 1 cucharada de perejil de hoja plana, fresco y picado

Indicación:

Precaliente el horno a 400 grados y vierta aceite de oliva en una asadera. Coloque la sartén a fuego alto y agregue la cebolla. Cocine de cinco a siete minutos. Tus cebollas deben ablandarse.

Agregue los tomates, la sal, la pimienta y el ajo. Luego cocine por otros cinco minutos y agregue los huevos batidos. Revuelva suavemente y cocine durante 3-5 minutos. Deben colocarse en la parte inferior. Coloque la fuente en el horno y hornee por otros cinco minutos. Retire del horno, decore con perejil y queso feta. Servir caliente.

Nutrición (por 100 g): 280 calorías 19 g de grasa 10 g de carbohidratos 31 g de proteína 625 mg de sodio

Panqueques con almendras

Tiempo de preparación: 15 minutos
Hora de cocinar: 15 minutos
Porciones: 6
Nivel de dificultad: fácil

Ingredientes:

- 2 tazas de leche de almendras, sin azúcar y a temperatura ambiente
- 2 huevos, grandes y a temperatura ambiente
- ½ taza de aceite de coco, derretido + extra para engrasar
- 2 cucharaditas de miel, cruda
- ¼ de cucharadita de sal marina, fina
- ½ cucharadita de bicarbonato de sodio
- 1 1/2 tazas de harina de trigo integral
- ½ taza de harina de almendras
- 1 cucharadita y media de polvo de hornear
- ¼ de cucharadita de canela, molida

Indicación:

Tome un tazón grande y mezcle el aceite de coco, los huevos, la leche de almendras y la miel, revolviendo hasta que estén bien combinados.

Tome un tazón mediano y mezcle el polvo de hornear, el bicarbonato de sodio, la harina de almendras, la sal marina, la harina de trigo integral y la canela. Mezclar bien.

Agrega la harina a la mezcla de leche y bate bien.

Tome una sartén grande y cúbrala con aceite de coco antes de colocarla a fuego medio-alto. Agregue la masa para panqueques en ½ taza.

Cocine por tres minutos o hasta que los bordes estén firmes. El fondo del panqueque debe estar dorado y las burbujas deben romper la superficie. Cocine por ambos lados.

Limpie la sartén y repita hasta que toda la masa se haya agotado. No olvides limpiar la sartén nuevamente y decorar con fruta fresca si es necesario.

Nutrición (por 100 g): 205 calorías 16 g de grasa 9 g de carbohidratos 36 g de proteína 828 mg de sodio

Ensalada de frutas de quinua

Tiempo de preparación: 25 minutos
Hora de cocinar: 0 minutos
Porciones: 4
Nivel de dificultad: fácil

Ingredientes:

- 2 cucharadas de miel, cruda
- 1 taza de fresas, frescas y rebanadas
- 2 cucharadas de jugo de lima, fresco
- 1 cucharadita de albahaca, fresca y picada
- 1 taza de quinua, cocida
- 1 mango, pelado, sin hueso y cortado en cubitos
- 1 taza de moras, frescas
- 1 durazno, sin hueso y cortado en cubitos
- 2 kiwis, pelados y cortados en cuartos

Indicación:

Comience mezclando el jugo de lima, la albahaca y la miel en un tazón pequeño. En otro tazón, combine las fresas, la quinua, las moras, los duraznos, el kiwi y el mango. Agregue la mezcla de miel y revuelva para cubrir antes de servir.

Nutrición (por 100 g): 159 calorías 12 g de grasa 9 g de carbohidratos 29 g de proteína 829 mg de sodio

Batido De Ruibarbo De Fresa

Tiempo de preparación: 8 minutos
Hora de cocinar: 0 minutos
Porciones: 1
Nivel de dificultad: fácil

Ingredientes:

- 1 taza de fresas, frescas y rebanadas
- 1 tallo de ruibarbo, picado
- 2 cucharadas de miel, cruda
- 3 cubitos de hielo
- 1/8 de cucharadita de canela molida
- ½ taza de yogur griego, natural

Indicación:

Comience sacando una cacerola pequeña y llenándola con agua. Llevar a ebullición a fuego alto, luego agregar el ruibarbo. Cocine durante tres minutos antes de escurrir y transferir a una licuadora.

Agregue yogur, miel, canela y fresas a una licuadora. Una vez suave, agregue hielo. Remueve hasta que no queden grumos y espese. Disfruta del frío.

Nutrición (por 100 g): 201 calorías 11 g de grasa 9 g de carbohidratos 39 g de proteína 657 mg de sodio

papilla de cebada

Tiempo de preparación: 10 minutos
Hora de cocinar: 20 minutos
Porciones: 4
Nivel de dificultad: fácil

Ingredientes:

- 1 taza de bayas de trigo
- 1 taza de cebada
- 2 tazas de leche de almendras, sin azúcar + extra por servir
- ½ taza de arándanos
- ½ taza de semillas de granada
- 2 tazas de agua
- ½ taza de avellanas, tostadas y picadas
- ¼ taza de miel, cruda

Indicación:

Tome una cacerola, póngala a fuego medio-alto, luego agregue la leche de almendras, el agua, la cebada y las bayas de trigo. Lleve a ebullición, luego reduzca el fuego y cocine a fuego lento durante veinticinco minutos. Revuelva a menudo. Tus frijoles deben estar tiernos.

Cubra cada porción con arándanos, semillas de granada, avellanas, una cucharada de miel y un poco de leche de almendras.

Nutrición (por 100 g): 150 calorías 10 g de grasa 9 g de carbohidratos 29 g de proteína 546 mg de sodio

Batido De Calabaza De Pan De Jengibre

Tiempo de preparación: 15 minutos
Hora de cocinar: 50 minutos
Porciones: 1
Nivel de dificultad: fácil

Ingredientes:

- 1 taza de leche de almendras, sin azúcar
- 2 cucharaditas de semillas de chía
- 1 plátano
- ½ taza de puré de calabaza, en lata
- ¼ de cucharadita de jengibre picado
- ¼ de cucharadita de canela, molida
- 1/8 de cucharadita de nuez moscada, molida

Indicación:

Comience sacando un tazón y mezcle las semillas de chai y la leche de almendras. Déjelos en remojo durante al menos una hora, pero puede remojarlos durante la noche. Transfiéralos a una licuadora.

Agregue los ingredientes restantes y luego mezcle hasta que quede suave. Servir frío.

Nutrición (por 100 g): 250 calorías 13 g de grasa 7 g de carbohidratos 26 g de proteína 621 mg de sodio

jugo verde

Tiempo de preparación: 5 minutos
Hora de cocinar: 0 minutos
Porciones: 1
Nivel de dificultad: fácil

Ingredientes:

- 3 tazas de verduras de hoja verde oscuro
- 1 pepino
- ¼ taza de perejil italiano fresco
- ¼ de piña, cortada en gajos
- ½ manzana verde
- ½ naranja
- ½ limón
- Una pizca de jengibre fresco rallado

Indicación:

Usando un exprimidor, mezcle el repollo, el pepino, el perejil, la piña, la manzana, la naranja, el limón y el jengibre en una taza grande y sirva.

Nutrición (por 100 g): 200 calorías 14 g de grasa 6 g de carbohidratos 27 g de proteína 541 mg de sodio

Batido de nueces y dátiles

Tiempo de preparación: 10 minutos
Hora de cocinar: 0 minutos
Porciones: 2
Nivel de dificultad: fácil

Ingredientes:

- 4 dátiles sin hueso
- ½ taza de leche
- 2 tazas de yogur griego natural
- 1/2 taza de nueces
- ½ cucharadita de canela, molida
- ½ cucharadita de extracto de vainilla, puro
- 2-3 cubitos de hielo

Indicación:

Mezclar todo hasta obtener una mezcla homogénea, luego servir frío.

Nutrición (por 100 g): 109 calorías 11 g de grasa 7 g de carbohidratos 29 g de proteína 732 mg de sodio

Cóctel de frutas

Tiempo de preparación: 5 minutos
Hora de cocinar: 0 minutos
Porciones: 2
Nivel de dificultad: fácil

Ingredientes:

- 2 tazas de arándanos
- 2 tazas de leche de almendras sin azúcar
- 1 taza de hielo picado
- ½ cucharadita de jengibre molido

Indicación:

Coloca los arándanos, la leche de almendras, el hielo y el jengibre en una licuadora. Mezclar hasta que esté suave.

Nutrición (por 100 g): 115 calorías 10 g de grasa 5 g de carbohidratos 27 g de proteína 912 mg de sodio

Batido de plátano y chocolate

Tiempo de preparación: 5 minutos
Hora de cocinar: 0 minutos
Porciones: 2
Nivel de dificultad: fácil

Ingredientes:

- 2 plátanos pelados
- 1 taza de leche descremada
- 1 taza de hielo picado
- 3 cucharadas de cacao en polvo sin azúcar
- 3 cucharadas de miel

Indicación:

Licúa los plátanos, la leche de almendras, el hielo, el cacao en polvo y la miel en una licuadora. Mezclar hasta obtener una mezcla homogénea.

Nutrición (por 100 g): 150 calorías 18 g de grasa 6 g de carbohidratos 30 g de proteína 821 mg de sodio

Yogur con arándanos, miel y menta

Tiempo de preparación: 5 minutos
Hora de cocinar: 0 minutos
Porciones: 2
Nivel de dificultad: fácil

Ingredientes:

- 2 tazas de yogur griego sin grasa sin azúcar
- 1 taza de arándanos
- 3 cucharadas de miel
- 2 cucharadas de hojas de menta fresca picada

Indicación:

Divide el yogur entre 2 tazones. Cubierto con arándanos, miel y menta.

Nutrición (por 100 g): 126 calorías 12 g de grasa 8 g de carbohidratos 37 g de proteína 932 mg de sodio

Parfait con frutas y yogur

Tiempo de preparación: 5 minutos
Hora de cocinar: 0 minutos
Porciones: 2
Nivel de dificultad: fácil

Ingredientes:

- 1 taza de frambuesas
- 1½ tazas de yogur griego sin grasa sin azúcar
- 1 taza de moras
- ¼ taza de nueces picadas

Indicación:

Coloque en capas las frambuesas, el yogur y las moras en 2 tazones. Espolvorear con nueces.

Nutrición (por 100 g): 119 calorías 13 g de grasa 7 g de carbohidratos 28 g de proteína 732 mg de sodio

Avena con frutas y pipas de girasol

Tiempo de preparación: 5 minutos
Hora de cocinar: 10 minutos
Porciones: 4
Nivel de dificultad: fácil

Ingredientes:

- 1 taza de agua
- ½ taza de leche de almendras sin azúcar
- pizca de sal
- 1 taza de avena antigua
- ½ taza de arándanos
- ½ taza de frambuesas
- ¼ taza de semillas de girasol

Indicación:

Pon a hervir el agua, la leche de almendras y la sal marina en una cacerola mediana a fuego medio-alto.

Trabajar en la avena. Reduzca el fuego a medio-bajo y continúe revolviendo y cocinando durante 5 minutos. Cubra y deje reposar la avena durante otros 2 minutos. Mezclar y servir cubierto con arándanos, frambuesas y semillas de girasol.

Nutrición (por 100 g): 106 calorías 9 g de grasa 8 g de carbohidratos 29 g de proteína 823 mg de sodio

Grano rápido de almendra y arce

Tiempo de preparación: 5 minutos
Hora de cocinar: 10 minutos
Porciones: 4
Nivel de dificultad: fácil

Ingredientes:

- 1 1/2 tazas de agua
- ½ taza de leche de almendras sin azúcar
- pizca de sal
- ½ taza de sémola de cocción rápida
- ½ cucharadita de canela molida
- ¼ taza de jarabe de arce puro
- ¼ taza de almendras fileteadas

Indicación:

Coloque el agua, la leche de almendras y la sal marina en una cacerola mediana-alta a fuego medio-alto y deje hervir.

Revuelva continuamente con una cuchara de madera, agregue lentamente el grano. Remueve constantemente para evitar grumos y lleva la mezcla a ebullición. Reduce el calor a medio-bajo. Cocine por unos minutos, revolviendo regularmente, hasta que el agua se absorba por completo. Agregue la canela, el almíbar y las almendras. Cocine por 1 minuto más, revolviendo.

Nutrición (por 100 g): 126 calorías 10 g de grasa 7 g de carbohidratos 28 g de proteína 851 mg de sodio

Avena con plátano

Tiempo de preparación: 10 minutos
Hora de cocinar: 10 minutos
Porciones: 2
Nivel de dificultad: fácil

Ingredientes:

- 1 plátano, pelado y en rodajas
- ¾ taza de leche de almendras
- ½ taza de café frío
- 2 dátiles sin hueso
- 2 cucharadas. polvo de cacao
- 1 taza de avena
- 1 cucharada y media semillas de chia

Indicación:

Usando una licuadora, agregue todos los ingredientes. Mezclar bien durante 5 minutos y servir.

Nutrición (por 100 g): 288 calorías 4,4 g de grasa 10 g de carbohidratos 5,9 g de proteína 733 mg de sodio

un sándwich de desayuno

Tiempo de preparación: 5 minutos
Hora de cocinar: 20 minutos
Porciones: 4
Nivel de dificultad: fácil

Ingredientes:

- 4 sándwiches multigrano
- 4 cucharaditas de aceite de oliva
- 4 huevos
- 1 cucharada. romero, fresco
- 2 tazas de espinacas tiernas, frescas
- 1 tomate, en rodajas
- 1 cucharada. queso feta
- Una pizca de sal kosher
- Pimienta negro

Indicación:

Precaliente el horno a 375 F / 190 C. Cepille los lados de los delgados con 2 cucharaditas. de aceite de oliva y colóquelos en una bandeja para hornear. Hornee y ase por 5 minutos o hasta que los bordes estén ligeramente dorados.

Agregue el resto del aceite de oliva y el romero a la sartén y caliente a fuego alto. Rompa y agregue los huevos enteros a la sartén uno a la vez. La yema aún debe estar líquida, pero las claras deben estar firmes.

Romper las yemas con una espátula. Voltee los huevos y cocine del otro lado hasta que estén cocidos. Retire los huevos del fuego. Extienda las rebanadas de sándwich tostado en 4 platos separados. Divinas espinacas entre finas.

Rellene cada rebanada fina con dos rodajas de tomate, un huevo cocido y 1 cucharada. queso feta. Espolvorea ligeramente con sal y pimienta al gusto. Cubra con las mitades delgadas restantes del sándwich y sirva.

Nutrición (por 100 g): 241 calorías 12,2 g de grasa 60,2 g de carbohidratos 21 g de proteína 855 mg de sodio

Cuscús de la mañana

Tiempo de preparación: 10 minutos
Hora de cocinar: 8 minutos
Porciones: 4
Nivel de dificultad: medio

Ingredientes:

- 3 tazas de leche baja en grasa
- 1 taza de cuscús entero, crudo
- 1 rama de canela
- ½ albaricoques picados, secos
- ¼ taza de grosellas secas
- 6 cucharas azúcar morena
- ¼ cucharadita de sal
- 4 cucharaditas de mantequilla derretida

Indicación:

Tome una cacerola grande y combine la leche y el palito de canela y caliente a fuego medio. Caliente durante 3 minutos o hasta que se formen microburbujas alrededor de los bordes de la sartén. No cocines. Retire del fuego, agregue el cuscús, los albaricoques, las grosellas, la sal y 4 cucharaditas. Azúcar morena. Cubra la mezcla y déjela reposar durante 15 minutos. Retire y deseche la rama de canela. Divida el cuscús en 4 tazones y cubra cada uno con 1 cucharadita. mantequilla derretida y ½ cdta. Azúcar morena. Listo para servir.

Nutrición (por 100 g): 306 calorías 6 g de grasa 5 g de carbohidratos 9 g de proteína 944 mg de sodio

Batido de aguacate y manzana

Tiempo de preparación: 5 minutos
Hora de cocinar: 0 minutos
Porciones: 2
Nivel de dificultad: fácil

Ingredientes:

- 3 tazas de espinacas
- 1 manzana verde, sin corazón, picada
- 1 aguacate sin hueso, pelado y picado
- 3 cucharadas semillas de chia
- 1 cucharadita. Enamorado
- 1 plátano congelado, pelado
- 2 tazas de leche de coco

Indicación:

Usando una licuadora, agregue todos los ingredientes. Mezclar bien durante 5 minutos para obtener una textura suave y servir en copas.

Nutrición (por 100 g): 208 calorías 10,1 g de grasa 6 g de carbohidratos 7 g de proteína 924 mg de sodio

mini tortilla

Tiempo de preparación: 10 minutos
Hora de cocinar: 20 minutos
Porciones: 8
Nivel de dificultad: fácil

Ingredientes:

- 1 cebolla amarilla picada
- 1 taza de parmesano rallado
- 1 pimiento amarillo picado
- 1 pimiento rojo picado
- 1 calabacín picado
- sal y pimienta negra
- Una gota de aceite de oliva
- 8 huevos batidos
- 2 cucharadas. cebollino picado

Indicación:

Coloque una sartén a fuego medio-alto. Agrega aceite al fuego. Agregue todos los ingredientes excepto las cebolletas y los huevos. Freír durante unos 5 minutos.

Coloque los huevos en una bandeja para muffins y adorne con cebollino. Ponga el horno a 350 F / 176 C. Coloque el molde para muffins en el horno y hornee durante unos 10 minutos. Sirve los huevos en un plato con las verduras salteadas.

Nutrición (por 100 g): 55 calorías 3 g de grasa 0,7 g de carbohidratos 9 g de proteína 844 mg de sodio

Avena de tomates secos

Tiempo de preparación: 10 minutos
Hora de cocinar: 25 minutos
Porciones: 4
Nivel de dificultad: fácil

Ingredientes:

- 3 cascadas
- 1 taza de leche de almendras
- 1 cucharada. aceite de oliva
- 1 taza de avena cortada en acero
- ¼ taza de tomates secados al sol picados
- Una pizca de hojuelas de chile

Indicación:

Usando una cacerola, agregue el agua y la leche para combinar. Ponga a fuego medio y deje que hierva. Coloca otra sartén a fuego medio-alto. Calentar el aceite y agregar la avena y sofreír por 2 minutos. Transfiera a la primera sartén más los tomates y revuelva. Deja que hierva durante unos 20 minutos. Colocar en tazones para servir y decorar con hojuelas de pimiento rojo. Disfrutar.

Nutrición (por 100 g): 170 calorías 17,8 g de grasa 1,5 g de carbohidratos 10 g de proteína 645 mg de sodio

huevos sobre aguacate

Tiempo de preparación: 5 minutos
Hora de cocinar: 15 minutos
Porciones: 6
Nivel de dificultad: fácil

Ingredientes:

- 1 cucharadita. polvo de ajo
- ½ cucharadita sal marina
- ¼ taza de parmesano rallado
- ¼ cucharadita de pimienta negra
- 3 aguacates deshuesados, cortados a la mitad
- 6 huevos

Indicación:

Prepare moldes para muffins y precaliente el horno a 350 F / 176 C. Parta el aguacate. Para colocar el huevo en la cavidad del aguacate, raspe ligeramente 1/3 de la pulpa.

Coloque el aguacate en el molde para muffins, asegurándose de que esté boca arriba. Sazone cada aguacate uniformemente con pimienta, sal y ajo en polvo. Agregue un huevo a cada cavidad de aguacate y espolvoree la parte superior con queso. Coloque en el horno y hornee hasta que la clara de huevo esté lista, aproximadamente 15 minutos. Servir y disfrutar.

Nutrición (por 100 g): 252 calorías 20 g de grasa 2 g de carbohidratos 5 g de proteína 946 mg de sodio

Huevos Brekky - puré de patatas

Tiempo de preparación: 10 minutos
Hora de cocinar: 25 minutos
Porciones: 2
Nivel de dificultad: fácil

Ingredientes:

- 1 calabacín, cortado en cubitos
- ½ taza de caldo de pollo
- ½ lb o 220 g de pollo cocido
- 1 cucharada. aceite de oliva
- 4 onzas. o 113 g de gambas
- sal y pimienta negra
- 1 camote en rodajas
- 2 huevos
- ¼ de cucharadita de pimienta de cayena
- 2 cucharaditas de ajo en polvo
- 1 taza de espinacas frescas

Indicación:

Agregue aceite de oliva a la sartén. Freír las gambas, el pollo hervido y las batatas durante 2 minutos. Agregue la pimienta de cayena, el ajo en polvo y revuelva durante 4 minutos. Agregue el calabacín y revuelva por otros 3 minutos.

Casca los huevos en un bol y añádelos a la sartén. Condimentar con sal y pimienta. Cubra con una tapa. Cocine por 1 minuto más y agregue el caldo de pollo.

Tape y cocine por otros 8 minutos a temperatura alta. Agregue las espinacas, revuelva por otros 2 minutos y sirva.

Nutrición (por 100 g): 198 calorías 0,7 g de grasa 7 g de carbohidratos 10 g de proteína 725 mg de sodio

Sopa De Tomate Y Albahaca

Tiempo de preparación: 10 minutos
Hora de cocinar: 25 minutos
Porciones: 2
Nivel de dificultad: medio

Ingredientes:

- 2 cucharadas. Caldo de vegetales
- 1 diente de ajo picado
- ½ taza de cebolla blanca
- 1 tallo de apio, picado
- 1 zanahoria picada
- 3 tazas de tomates picados
- Sal y pimienta
- 2 hojas de laurel
- 1 ½ taza de leche de almendras sin azúcar
- 1/3 taza de hojas de albahaca

Indicación:

Hervir el caldo de verduras en una olla grande a fuego medio. Agregue el ajo y la cebolla y cocine por 4 minutos. Agregue las zanahorias y el apio. Cocine por 1 minuto más.

Añadir los tomates y llevar a ebullición. Cocine por 15 minutos. Agregue la leche de almendras, la albahaca y las hojas de laurel. Sazonar y servir.

Nutrición (por 100 g): 213 calorías 3,9 g de grasa 9 g de carbohidratos 11 g de proteína 817 mg de sodio

Humus de calabaza

Tiempo de preparación: 10 minutos
Hora de cocinar: 15 minutos
Porciones: 4
Nivel de dificultad: fácil

Ingredientes:

- 2 libras o 900 g de calabaza moscada sin semillas, pelada
- 1 cucharada. aceite de oliva
- ¼ taza de tahini
- 2 cucharadas. jugo de limon
- 2 dientes de ajo picados
- Sal y pimienta

Indicación:

Precaliente el horno a 300 F/148 C. Unte las calabazas con aceite de oliva. Colocar en una bandeja y hornear en el horno durante 15 minutos. Cuando la calabaza esté cocida, procésala con el resto de los ingredientes en un procesador de alimentos.

Mezclar hasta que esté suave. Servido con zanahorias y palitos de apio. Para aprovechar más el espacio en contenedores individuales, pegue una etiqueta y guárdelo en el refrigerador. Deje que alcance la temperatura ambiente antes de recalentar en el microondas.

Nutrición (por 100 g): 115 Calorías 5,8 g Grasa 6,7 g Carbohidratos 10 g Proteína 946 mg Sodio

Magdalenas de jamón

Tiempo de preparación: 10 minutos
Hora de cocinar: 15 minutos
Porciones: 6
Nivel de dificultad: medio

Ingredientes:

- 9 rebanadas de jamón
- 1/3 taza de espinacas picadas
- ¼ taza de queso feta desmenuzado
- ½ taza de pimiento rojo asado picado
- sal y pimienta negra
- 1 cucharada y media pesto de albahaca
- 5 huevos batidos

Indicación:

Engrasa el molde para muffins. Use 1 1/2 rebanadas de jamón para cubrir cada molde para panecillos. Aparte de la pimienta negra, la sal, el pesto y el huevo, reparte el resto de ingredientes en las cestas de jamón. Usando un tazón, mezcle la pimienta, la sal, el pesto y el huevo. Vierta sobre la mezcla de pimientos. Ponga el horno a 400 F / 204 C y hornee por unos 15 minutos. Servir inmediatamente.

Nutrición (por 100 g): 109 calorías 6,7 g de grasa 1,8 g de carbohidratos 9 g de proteína 386 mg de sodio

ensalada de espelta

Tiempo de preparación: 10 minutos
Hora de cocinar: 0 minutos
Porciones: 2
Nivel de dificultad: fácil

Ingredientes:

- 1 cucharada. aceite de oliva
- sal y pimienta negra
- 1 manojo de espinacas tiernas, picadas
- 1 aguacate sin hueso, pelado y picado
- 1 diente de ajo picado
- 2 tazas de espelta hervida
- ½ taza de tomates cherry, cortados en cubitos

Indicación:

Pon la llama a fuego medio. Poner aceite en una sartén y calentar. Agrega el resto de los ingredientes. Hervir la mezcla durante unos 5 minutos. Colocar en tazones para servir y disfrutar.

Nutrición (por 100 g): 157 calorías 13,7 g de grasa 5,5 g de carbohidratos 6 g de proteína 615 mg de sodio

Arándanos y dátiles

Tiempo de preparación: 10 minutos
Hora de cocinar: 20 minutos
Porciones: 10
Nivel de dificultad: fácil

Ingredientes:

- 12 dátiles sin hueso, picados
- 1 cucharadita. extracto de vainilla
- ¼ taza cariño
- ½ taza de avena
- ¾ taza de arándanos secos
- ¼ taza de aceite de almendras y aguacate, derretido
- 1 taza de nueces picadas, tostadas
- ¼ taza de semillas de calabaza

Indicación:

Usando un tazón, mezcle todos los ingredientes para combinar.

Forra la bandeja con papel de horno. Presione la mezcla para ajustar. Metemos en el congelador durante unos 30 minutos. Cortar en 10 cuadrados y disfrutar.

Nutrición (por 100 g): 263 calorías 13,4 g de grasa 14,3 g de carbohidratos 7 g de proteína 845 mg de sodio

Tortilla de lentejas y queso cheddar

Tiempo de preparación: 5 minutos

Hora de cocinar: 17 minutos

Porciones: 4

Nivel de dificultad: fácil

Ingredientes:

- 1 cebolla roja picada
- 2 cucharadas. aceite de oliva
- 1 taza de camote hervido, picado
- ¾ taza de jamón rebanado
- 4 huevos batidos
- ¾ taza de lentejas cocidas
- 2 cucharadas. yogur griego
- sal y pimienta negra
- ½ taza de tomates cherry partidos por la mitad,
- ¾ taza de queso cheddar rallado

Indicación:

Ponga el fuego a medio y coloque la sartén. Agrega aceite al fuego. Agregue la cebolla y déjela freír durante unos 2 minutos. Agregue el resto de los ingredientes excepto el queso y los huevos y cocine por otros 3 minutos. Agrega el huevo, decora con queso. Cocine por otros 10 minutos, tapado.

Rebana la tortilla, colócala en tazones y disfruta.

Nutrición (por 100 g): 274 calorías 17,3 g de grasa 3,5 g de carbohidratos 6 g de proteína 843 mg de sodio

Sandwich de atún

Tiempo de preparación: 5 minutos
Hora de cocinar: Cinco minutos
Porciones: 2
Nivel de dificultad: fácil

Ingredientes:

- 6 oz o 170 g de atún enlatado, escurrido y desmenuzado
- 1 aguacate deshuesado, pelado y triturado
- 4 rebanadas de pan integral
- Una pizca de sal y pimienta negra
- 1 cucharada. queso feta desmenuzado
- 1 taza de espinacas pequeñas

Indicación:

Usando un tazón, mezcle la pimienta, la sal, el atún y el queso para combinar. Extienda la crema de puré de aguacate sobre las rebanadas de pan.

Del mismo modo, divida la mezcla de atún y espinacas en 2 rebanadas. Coloque las 2 rebanadas restantes encima. Atender.

Nutrición (por 100 g): 283 calorías 11,2 g de grasa 3,4 g de carbohidratos 8 g de proteína 754 mg de sodio

ensalada de espelta

Tiempo de preparación: 15 minutos
Hora de cocinar: 30 minutos
Porciones: 4
Nivel de dificultad: medio

Ingredientes:

- <u>ensalada</u>
- 2 1/2 tazas de caldo de verduras
- ¾ taza de queso feta desmenuzado
- 1 lata de garbanzos, escurridos
- 1 pepino, en rodajas
- 1 1/2 tazas de cebada perlada
- 1 cucharada de aceite de oliva
- ½ cebolla picada
- 2 tazas de espinacas tiernas, picadas
- 1 litro de tomates cherry
- 1 ¼ taza de agua
- <u>Especia:</u>
- 2 cucharadas de jugo de limón
- 1 cucharada de miel
- ¼ taza de aceite de oliva
- ¼ de cucharadita de orégano
- 1 pizca de hojuelas de chile
- ¼ cucharadita de sal

- 1 cucharada de vinagre de vino tinto

Indicación:

Calienta el aceite en el sarten. Agregue la espelta y cocine por un minuto. Revuelva regularmente durante la cocción. Agregue el agua y el caldo, luego hierva. Reduzca el fuego y cocine a fuego lento hasta que el farro esté tierno, unos 30 minutos. Escurra el agua y transfiera la espelta a un bol.

Agregue las espinacas y revuelva. Dejar enfriar durante unos 20 minutos. Agregue el pepino, la cebolla, los tomates, el pimiento, los garbanzos y el queso feta. Mezclar bien para obtener una buena mezcla. Da un paso atrás y prepara el aderezo.

Combine todos los ingredientes del aderezo y mezcle bien hasta que quede suave. Viértalo en un bol y mezcle bien. Sazone bien al gusto.

Nutrición (por 100 g): 365 calorías 10 g de grasa 43 g de carbohidratos 13 g de proteína 845 mg de sodio

Ensalada de garbanzos y calabacines

Tiempo de preparación: 10 minutos
Hora de cocinar: 0 minutos
Porciones: 3
Nivel de dificultad: fácil

Ingredientes:

- ¼ taza de vinagre balsámico
- 1/3 taza de hojas de albahaca picadas
- 1 cucharada de alcaparras, escurridas y picadas
- ½ taza de queso feta desmenuzado
- 1 lata de garbanzos, escurridos
- 1 diente de ajo picado
- ½ taza de aceitunas Kalamata, picadas
- 1/3 taza de aceite de oliva
- ½ taza de cebolla dulce, picada
- ½ cucharadita de orégano
- 1 pizca de hojuelas de pimiento rojo, triturado
- ¾ taza de pimiento rojo picado
- 1 cucharada de romero picado
- 2 tazas de calabacín, cortado en cubitos
- Sal y pimienta para probar

Indicación:

Mezclar las verduras en un bol y tapar bien.

Servir a temperatura ambiente. Sin embargo, para obtener mejores resultados, enfríe el plato durante unas horas antes de servir para permitir que los sabores se mezclen.

Nutrición (por 100 g): 258 calorías 12 g de grasa 19 g de carbohidratos 5,6 g de proteína 686 mg de sodio

Ensalada de alcachofas a la provenzal

Tiempo de preparación: 15 minutos
Hora de cocinar: Cinco minutos
Porciones: 3
Nivel de dificultad: fácil

Ingredientes:

- 250 g de corazones de alcachofas
- 1 cucharadita de albahaca picada
- 2 dientes de ajo, picados
- 1 cáscara de limón
- 1 cucharada de aceitunas picadas
- 1 cucharada de aceite de oliva
- ½ cebolla picada
- 1 pizca, ½ cucharadita de sal
- 2 tomates, picados
- 3 cucharadas de agua
- ½ vaso de vino blanco
- Sal y pimienta para probar

Indicación:

Calienta el aceite en el sarten. Freír la cebolla y el ajo. Cocine hasta que las cebollas estén transparentes y sazone con una pizca de sal. Vierta el vino blanco y cocine a fuego lento hasta que el vino se reduzca a la mitad.

Agregue la pulpa de tomate, los corazones de alcachofa y el agua. Llevar a ebullición y agregar la ralladura de limón y aproximadamente 1/2 cucharadita de sal. Tape y cocine por unos 6 minutos.

Agregue las aceitunas y la albahaca. Sazonar bien y disfrutar!

Nutrición (por 100 g): 147 calorías 13 g de grasa 18 g de carbohidratos 4 g de proteína 689 mg de sodio

ensalada búlgara

Tiempo de preparación: 10 minutos
Hora de cocinar: 20 minutos
Porciones: 2
Nivel de dificultad: medio

Ingredientes:

- 2 tazas de bulgur
- 1 cucharada de mantequilla
- 1 pepino, cortado en trozos
- ¼ taza de eneldo
- ¼ taza de aceitunas negras, cortadas por la mitad
- 1 cucharada, 2 cucharaditas de aceite de oliva
- 4 tazas de agua
- 2 cucharaditas de vinagre de vino tinto
- sal, justo

Indicación:

En una cacerola, freír el bulgur en una mezcla de mantequilla y aceite de oliva. Cocine hasta que el bulgur esté dorado y comience a desmoronarse.

Agregue agua y ajuste de sal. Tape y cocine durante unos 20 minutos o hasta que el bulgur esté tierno.

En un tazón, mezcle los trozos de pepino con aceite de oliva, eneldo, vinagre de vino tinto y aceitunas negras. Mezcla todo bien.

Mezclar el pepino y el bulgur.

Nutrición (por 100 g): 386 calorías 14 g de grasa 55 g de carbohidratos 9 g de proteína 545 mg de sodio

Un plato de ensalada de falafel

Tiempo de preparación: 15 minutos
Hora de cocinar: Cinco minutos
Porciones: 2
Nivel de dificultad: fácil

Ingredientes:

- 1 cucharada de salsa de ajo picante
- 1 cucharada de salsa de ajo y eneldo
- 1 paquete de falafel vegetariano
- 1 caja de humus
- 2 cucharadas de jugo de limón
- 1 cucharada de aceitunas Kalamata sin hueso
- 1 cucharada de aceite de oliva virgen extra
- ¼ taza de cebolla, picada
- 2 tazas de perejil picado
- 2 tazas de pan de pita crujiente
- 1 pizca de sal
- 1 cucharada de salsa tahini
- ½ taza de tomates picados

Indicación:

Cocina los falafels preparados. Ponlo a un lado. Prepara la ensalada. Mezclar el perejil, la cebolla, los tomates, el jugo de limón, el aceite de oliva y la sal. Desechar todo y reservar. Transfiera todo a tazones para servir. Agregue perejil y cubra con hummus y falafel. Cubre el tazón con salsa tahini, salsa de chile y ajo y aderezo de eneldo. Al servir, agregue jugo de limón y mezcle bien la ensalada. Servir con pan de pita al lado.

Nutrición (por 100 g): 561 calorías 11 g de grasa 60,1 g de carbohidratos 18,5 g de proteína 944 mg de sodio

Ensalada griega ligera

Tiempo de preparación: 15 minutos
Hora de cocinar: 0 minutos
Porciones: 2
Nivel de dificultad: fácil

Ingredientes:

- 120 g de queso feta griego, cortado en cubos
- 5 pepinos, cortados a lo largo
- 1 cucharadita de miel
- 1 limón, masticado y rallado
- 1 taza de aceitunas Kalamata, sin hueso y partidas por la mitad
- ¼ taza de aceite de oliva virgen extra
- 1 cebolla, picada
- 1 cucharadita de orégano
- 1 pizca de orégano fresco (para decorar)
- 12 tomates, en cuartos
- ¼ taza de vinagre de vino tinto
- Sal y pimienta para probar

Indicación:

En un bol, remojar la cebolla en agua con sal durante 15 minutos. En un tazón grande, combine la miel, el jugo de limón, la ralladura de limón, el orégano, la sal y la pimienta. Mezcla todo. Añadir poco a poco el aceite de oliva y batir hasta que el aceite emulsione.

Agregue las aceitunas y los tomates. Hazlo bien. agregar los pepinos

Escurrir la cebolla empapada en agua con sal y añadir a la mezcla de ensalada. Cubra la ensalada con orégano fresco y queso feta. Pincelar con aceite de oliva y sazonar con pimienta al gusto.

Nutrición (por 100 g): 292 calorías 17 g de grasa 12 g de carbohidratos 6 g de proteína 743 mg de sodio

Ensalada de rúcula con higos y nueces

Tiempo de preparación: 15 minutos

Hora de cocinar: 10 minutos

Porciones: 2

Nivel de dificultad: fácil

Ingredientes:

- 150 g de rúcula
- 1 zanahoria, rallada
- 1/8 cucharadita de pimienta de cayena
- 3 onzas de queso de cabra, desmenuzado
- 1 lata de garbanzos sin sal, escurridos
- ½ taza de higos secos, cortados en gajos
- 1 cucharadita de miel
- 3 cucharadas de aceite de oliva
- 2 cucharaditas de vinagre balsámico
- ½ nueces cortadas por la mitad
- sal, justo

Indicación:

Precalentar el horno a 175 grados. En una sartén, combine las nueces, 1 cucharada de aceite de oliva, pimienta de cayena y 1/8 de cucharadita de sal. Transfiera la sartén al horno y hornee hasta que las nueces estén doradas. Déjalo a un lado cuando hayas terminado.

Mezcla la miel, el vinagre balsámico, 2 cucharadas de aceite y ¾ de cucharadita de sal en un bol.

En un tazón grande, combine la rúcula, las zanahorias y los higos. Agregue las nueces y el queso de cabra y rocíe con la vinagreta balsámica de miel. Asegúrate de cubrir todo.

Nutrición (por 100 g): 403 calorías 9 g de grasa 35 g de carbohidratos 13 g de proteína 844 mg de sodio

Ensalada de coliflor con vinagreta de tahini

Tiempo de preparación: 15 minutos
Hora de cocinar: Cinco minutos
Porciones: 2
Nivel de dificultad: medio

Ingredientes:

- 1 1/2 libras de coliflor
- ¼ taza de cerezas secas
- 3 cucharadas de jugo de limón
- 1 cucharada de menta fresca, picada
- 1 cucharadita de aceite de oliva
- ½ taza de perejil picado
- 3 cucharadas de pistachos tostados salados, picados
- ½ cucharadita de sal
- ¼ taza de chalotes picados
- 2 cucharadas de tahini

Indicación:

Ralla la coliflor en un recipiente apto para microondas, agrega aceite de oliva y ¼ de sal. Asegúrate de cubrir y sazonar la coliflor de manera uniforme. Envuelve el bol en film transparente y caliéntalo en el microondas durante unos 3 minutos.

Ponga el arroz y la coliflor en una bandeja para hornear y déjelo enfriar durante unos 10 minutos. Agregue jugo de limón y chalotes. Deja reposar para que la coliflor absorba el sabor.

Agregue la mezcla de tahini, las cerezas, el perejil, la menta y la sal. Mezcla todo bien. Espolvorear con pistachos tostados antes de servir.

Nutrición (por 100 g): 165 calorías 10 g de grasa 20 g de carbohidratos 6 g de proteína 651 mg de sodio

Ensalada mediterránea de patata

Tiempo de preparación: 15 minutos
Hora de cocinar: 10 minutos
Porciones: 2
Nivel de dificultad: fácil

Ingredientes:

- 1 manojo de hojas de albahaca picadas
- 1 diente de ajo, machacado
- 1 cucharada de aceite de oliva
- 1 cebolla, picada
- 1 cucharadita de orégano
- 100 g de pimiento rojo asado. rebanadas
- 300 g de papas, cortadas por la mitad
- 1 lata de tomates cherry
- Sal y pimienta para probar

Indicación:

Sofreír la cebolla en una olla. Agregar orégano y ajo. Hervir todo durante un minuto. Agregue los pimientos y los tomates. Sazone bien y luego cocine por unos 10 minutos. Ponlo a un lado.

Hervir las patatas en una gran cantidad de agua con sal en una olla. Hornee hasta que estén tiernos, unos 15 minutos. Escurrir bien. Mezclar las patatas con la salsa y añadir la albahaca y las aceitunas. Finalmente, deseche todo antes de servir.

Nutrición (por 100 g): 111 calorías 9 g de grasa 16 g de carbohidratos 3 g de proteína 745 mg de sodio

Ensalada de quinoa y pistacho

Tiempo de preparación: 10 minutos
Hora de cocinar: 15 minutos
Porciones: 2
Nivel de dificultad: fácil

Ingredientes:

- ¼ de cucharadita de comino
- ½ taza de grosellas secas
- 1 cucharadita de cáscara de limón rallada
- 2 cucharadas de jugo de limón
- ½ taza de cebolla verde, picada
- 1 cucharada de menta picada
- 2 cucharadas de aceite de oliva virgen extra
- ¼ taza de perejil picado
- ¼ de cucharadita de pimienta molida
- 1/3 taza de pistachos, picados
- 1 ¼ taza de quinua cruda
- 1 2/3 tazas de agua

Indicación:

Combine 1 2/3 tazas de agua, pasas y quinua en una cacerola. Lleve todo a ebullición y luego reduzca el fuego. Hervir todo durante unos 10 minutos y dejar que la quinoa haga espuma. Dejar reposar durante unos 5 minutos. Transfiera la mezcla de quinua al tazón. Agrega las nueces, la menta, la cebolla y el perejil. Mezcla todo. En un recipiente aparte, mezcle la ralladura de limón, el jugo de limón, las grosellas, el comino y el aceite. Derrotarlos juntos. Mezclar ingredientes secos y húmedos.

Nutrición (por 100 g): 248 calorías 8 g de grasa 35 g de carbohidratos 7 g de proteína 914 mg de sodio

Ensalada de pollo y pepino con aderezo picante de maní

Tiempo de preparación: 15 minutos
Hora de cocinar: 0 minutos
Porciones: 2
Nivel de dificultad: medio

Ingredientes:

- 1/2 taza de mantequilla de maní
- 1 cucharada de sambal oelek (pasta de chile)
- 1 cucharada de salsa de soya baja en sodio
- 1 cucharadita de aceite de sésamo tostado
- 4 cucharadas de agua o más si es necesario
- 1 pepino, pelado y cortado en tiras finas
- 1 chuleta de pollo cocida, desmenuzada en tiras finas
- 2 cucharadas de maní molido

Indicación:

Mezcle la mantequilla de maní, la salsa de soya, el aceite de sésamo, el sambal oelek y el agua en un tazón. Pon las rodajas de pepino en un plato. Adorne con pollo desmenuzado y unte con la salsa. Espolvorear con maní picado.

Nutrición (por 100 g): 720 calorías 54 g de grasa 8,9 g de carbohidratos 45,9 g de proteína 733 mg de sodio

Paella de verduras

Tiempo de preparación: 25 minutos

Hora de cocinar: 45 minutos

Porciones: 6

Nivel de dificultad: medio

Ingredientes:

- ¼ taza de aceite de oliva
- 1 cebolla dulce grande
- 1 pimiento rojo grande
- 1 pimiento verde grande
- 3 dientes de ajo, finamente picados
- 1 cucharadita de pimentón ahumado
- 5 hebras de azafrán
- 1 calabacín, cortado en cubos de ½ pulgada
- 4 tomates maduros grandes, pelados, sin semillas y picados
- 1 1/2 tazas de arroz español de grano corto
- 3 tazas de caldo de verduras, calentado

Indicación:

Precaliente el horno a 350 ° F. Caliente el aceite de oliva a fuego medio. Agregue la cebolla, los pimientos rojos y verdes y cocine por 10 minutos.

Añadir el ajo, el pimentón, las hebras de azafrán, el calabacín y los tomates. Reduzca el fuego a medio-bajo y cocine a fuego lento durante 10 minutos.

Agrega el arroz y el caldo de verduras. Subir el fuego para que hierva la paella. Ponga el fuego a medio-bajo y cocine por 15 minutos. Envuelve la fuente en papel de aluminio y colócala en el horno.

Cocine por 10 minutos o hasta que se absorba el caldo.

Nutrición (por 100 g): 288 calorías 10 g de grasa 46 g de carbohidratos 3 g de proteína 671 mg de sodio

Cazuela De Berenjenas Y Arroz

Tiempo de preparación: 30 minutos

Hora de cocinar: 35 minutos

Porciones: 4

Nivel de dificultad: difícil

Ingredientes:

- <u>para la salsa</u>
- ½ taza de aceite de oliva
- 1 cebolla pequeña, picada
- 4 dientes de ajo, machacados
- 6 tomates maduros, pelados y picados
- 2 cucharadas de puré de tomate
- 1 cucharadita de orégano seco
- ¼ de cucharadita de nuez moscada molida
- ¼ de cucharadita de comino molido
- <u>para la cazuela</u>
- 4 berenjenas japonesas de 6 pulgadas, cortadas por la mitad a lo largo
- 2 cucharadas de aceite de oliva
- 1 taza de arroz cocido
- 2 cucharadas de piñones, tostados
- 1 taza de agua

Indicación:

Para preparar la salsa

Caliente el aceite de oliva en una cacerola de fondo grueso a fuego medio. Agregue la cebolla y cocine por 5 minutos. Agregue el ajo, los tomates, la pasta de tomate, el orégano, la nuez moscada y el comino. Lleve a ebullición, luego reduzca el fuego a bajo y cocine a fuego lento durante 10 minutos. Retirar y reservar.

Para preparar la cazuela

Precalentar la parrilla. Mientras se cocina la salsa, rocíe las berenjenas con aceite de oliva y colóquelas en una bandeja para hornear. Cocine durante unos 5 minutos hasta que estén doradas. Retire y deje enfriar. Precaliente el horno a 375 ° F. Acomode las berenjenas enfriadas, con el lado cortado hacia arriba, en una fuente para hornear de 9 por 13 pulgadas. Recoge con cuidado un poco de la carne para hacer espacio para el relleno.

Mezclar la mitad de la salsa de tomate, el arroz cocido y los piñones en un bol. Rellena cada mitad de berenjena con la mezcla de arroz. En el mismo tazón, mezcle la salsa de tomate restante y el agua. Vierta sobre las berenjenas. Cocine, tapado, durante 20 minutos hasta que las berenjenas estén blandas.

Nutrición (por 100 g): 453 calorías 39 g de grasa 29 g de carbohidratos 7 g de proteína 820 mg de sodio

cuscús con verduras

Tiempo de preparación: 15 minutos

Hora de cocinar: 45 minutos

Porciones: 8

Nivel de dificultad: difícil

Ingredientes:

- ¼ taza de aceite de oliva
- 1 cebolla, picada
- 4 dientes de ajo, picados
- 2 chiles jalapeños, perforados con un tenedor en varios lugares
- ½ cucharadita de comino molido
- ½ cucharadita de cilantro molido
- 1 lata (28 onzas) de tomates triturados
- 2 cucharadas de puré de tomate
- 1/8 cucharadita de sal
- 2 hojas de laurel
- 11 tazas de agua, divididas
- 4 zanahorias
- 2 calabacines, cortados en trozos de 2 pulgadas
- 1 calabaza bellota, cortada por la mitad, sin semillas y cortada en rodajas de 1 pulgada de grosor
- 1 lata (15 onzas) de garbanzos, escurridos y enjuagados
- ¼ de taza de limones en conserva en rodajas (opcional)

- 3 tazas de cuscús

Indicación:

Caliente el aceite de oliva en una cacerola de fondo grueso. Agregue la cebolla y cocine por 4 minutos. Agregue el ajo, los jalapeños, el comino y el cilantro. Cocine por 1 minuto. Agregue los tomates, la pasta de tomate, la sal, las hojas de laurel y 8 tazas de agua. Lleve la mezcla a ebullición.

Añadir la zanahoria, el calabacín y la bellota y llevar de nuevo a ebullición. Reduzca el fuego ligeramente, cubra y cocine durante unos 20 minutos, hasta que las verduras estén tiernas pero no blandas. Tome 2 tazas del líquido de cocción y reserve. Sazone según sea necesario.

Agregue los garbanzos y los limones en conserva (si los usa). Cocine por unos minutos y apague el fuego.

En una cacerola mediana, hierva las 3 tazas de agua restantes a fuego alto. Agregue el cuscús, cubra y apague el fuego. Deja reposar el cuscús durante 10 minutos. Vierta 1 taza del líquido de cocción reservado. Esponje el cuscús con un tenedor.

Coloque en un plato grande para servir. Humedecerlo con el líquido restante de la cocción. Retire las verduras de la olla y colóquelas encima. Sirva el goulash restante en un recipiente aparte.

Nutrición (por 100 g): 415 calorías 7 g de grasa 75 g de carbohidratos 9 g de proteína 718 mg de sodio

Kushari

Tiempo de preparación: 25 minutos

Hora de cocinar: 1 hora y 20 minutos

Porciones: 8

Nivel de dificultad: difícil

Ingredientes:

- para la salsa
- 2 cucharadas de aceite de oliva
- 2 dientes de ajo, picados
- 1 lata (16 oz) de salsa de tomate
- ¼ taza de vinagre blanco
- ¼ taza de harissa o comprada en la tienda
- 1/8 cucharadita de sal
- para arroz
- 1 taza de aceite de oliva
- 2 cebollas, en rodajas finas
- 2 tazas de lentejas marrones secas
- 4 cuartos más 1/2 taza de agua, cantidad dividida
- 2 tazas de arroz de grano corto
- 1 cucharadita de sal
- 1 libra. pasta de codo corto
- 1 lata (15 onzas) de garbanzos, escurridos y enjuagados

Indicación:

Para preparar la salsa

Caliente el aceite de oliva en una cacerola. Freír el ajo. Agregue la salsa de tomate, el vinagre, la harissa y la sal. Llevar la salsa a ebullición. Reduzca el fuego y cocine a fuego lento durante 20 minutos o hasta que la salsa se haya espesado. Retirar y reservar.

para hacer arroz

Forrar un bol con papel absorbente y reservar. Caliente el aceite de oliva en una sartén grande a fuego medio. Freír la cebolla, revolviendo con frecuencia, hasta que esté crujiente y dorada. Transfiera la cebolla al tazón preparado y reserve. Reserve 2 cucharadas de aceite para cocinar. Reserva una sartén.

Combine las lentejas y 4 tazas de agua en una cacerola a fuego alto. Llevar a ebullición y cocinar durante 20 minutos. Escurra y rocíe con las 2 cucharadas de aceite de cocina reservadas. Dejar de lado. Reserva una comida.

Coloca la sartén que usaste para saltear las cebollas a fuego medio-alto y agrega el arroz, 4 1/2 tazas de agua y sal. Llevar a ebullición. Reduzca el fuego y cocine a fuego lento durante 20 minutos. Apague y deje reposar durante 10 minutos. Hierva las 8 tazas restantes de agua con sal a fuego alto en la misma olla en la que cocinó las lentejas. Agregue la pasta y cocine por 6 minutos o según las instrucciones del paquete. Escurrir y reservar.

Armar

Coloque el arroz en un plato para servir. Complétalo con lentejas, garbanzos y pasta. Rocíe con salsa de tomate picante y espolvoree con cebollas fritas crujientes.

Nutrición (por 100 g): 668 calorías 13 g de grasa 113 g de carbohidratos 18 g de proteína 481 mg de sodio

Bulgur con tomates y garbanzos

Tiempo de preparación: 10 minutos

Hora de cocinar: 35 minutos

Porciones: 6

Nivel de dificultad: medio

Ingredientes:

- ½ taza de aceite de oliva
- 1 cebolla, picada
- 6 tomates, cortados en cubitos, o 1 (16 onzas) de tomate cortado en cubitos
- 2 cucharadas de puré de tomate
- 2 tazas de agua
- 1 cucharada de harissa o comprada en la tienda
- 1/8 cucharadita de sal
- 2 tazas de bulgur grueso
- 1 lata (15 onzas) de garbanzos, escurridos y enjuagados

Indicación:

Caliente el aceite de oliva en una cacerola de fondo grueso a fuego medio. Freír la cebolla, agregar los tomates y su jugo y cocinar por 5 minutos.

Agregue la pasta de tomate, el agua, la harissa y la sal. Llevar a ebullición.

Agregue el bulgur y los garbanzos. Vuelva a llevar la mezcla a ebullición. Reduzca el fuego y cocine a fuego lento durante 15 minutos. Dejar reposar por 15 minutos antes de servir.

Nutrición (por 100 g): 413 calorías 19 g de grasa 55 g de carbohidratos 14 g de proteína 728 mg de sodio

macarrones de caballa

Tiempo de preparación: 10 minutos

Hora de cocinar: 15 minutos

Porciones: 4

Nivel de dificultad: fácil

Ingredientes:

- 12 onzas de macarrones
- 1 diente de ajo
- 14 onzas de salsa de tomate
- 1 ramita de perejil picado
- 2 chiles frescos
- 1 cucharadita de sal
- 200 g caballa en aceite
- 3 cucharadas de aceite de oliva virgen extra

Indicación:

Comience hirviendo agua en una olla. Mientras se calienta el agua, coge una sartén, añade una gota de aceite y un poco de ajo y cocina a fuego lento. Una vez que el ajo esté cocido, retíralo de la sartén.

Cortar la guindilla, quitar las semillas del interior y cortar en tiras finas.

Agregue el agua de cocción y el chile en la misma sartén que antes. Luego toma la caballa y después de escurrir el aceite y separarla con un tenedor, colócala en la sartén con los demás ingredientes. Sofreír ligeramente añadiendo un poco de agua de cocción.

Cuando todos los ingredientes estén bien incorporados, añade el puré de tomate a la sartén. Revuelva bien para combinar todos los ingredientes y cocine por unos 3 minutos.

Vamos a la pasta:

Cuando el agua empiece a hervir, añade la sal y la pasta. Una vez que los macarrones estén ligeramente al dente, escúrrelos y añádelos a la salsa que has preparado.

Freír en la salsa por un tiempo y, después de probar, agregar sal y pimienta al gusto.

Nutrición (por 100 g): 510 calorías 15,4 g de grasa 70 g de carbohidratos 22,9 g de proteína 730 mg de sodio

Macarrones Con Tomates Cherry Y Anchoas

Tiempo de preparación: 10 minutos

Hora de cocinar: 15 minutos

Porciones: 4

Nivel de dificultad: fácil

Ingredientes:

- 14 onzas de pasta de macarrones
- 6 anchoas saladas
- 4 onzas de tomates cherry
- 1 diente de ajo
- 3 cucharadas de aceite de oliva virgen extra
- Chiles frescos al gusto
- 3 hojas de albahaca
- Sal al gusto

Indicación:

Comience calentando agua en una olla y agregue sal mientras hierve. Mientras tanto, prepara la salsa: toma los tomates lavados y córtalos en 4 pedazos.

Ahora toma una sartén antiadherente, rocía una gota de aceite y echa un diente de ajo. Una vez que esté cocido, retíralo de la sartén. Añadir las anchoas limpias a la sartén y disolverlas en el aceite.

Cuando las anchoas estén bien disueltas, añade los tomates troceados y sube el fuego al máximo hasta que empiecen a ablandarse (con cuidado de que no se ablanden demasiado).

Agregue los chiles sin semillas picados y sazone.

Transfiere la pasta a una olla con agua hirviendo, escúrrela al dente y fríela en la sartén por unos segundos.

Nutrición (por 100 g): 476 calorías 11 g de grasa 81,4 g de carbohidratos 12,9 g de proteína 763 mg de sodio

Risotto con limón y gambas

Tiempo de preparación: 10 minutos

Hora de cocinar: 30 minutos

Porciones: 4

Nivel de dificultad: fácil

Ingredientes:

- 1 limón
- 14 onzas de camarones sin cáscara
- 1 ¾ taza de arroz risotto
- 1 cebolla blanca
- 33 fl. 1 litro de caldo de verduras (menos es suficiente)
- 2 cucharadas y media de mantequilla
- ½ vaso de vino blanco
- Sal al gusto
- Pimienta negra al gusto
- Cebollín al gusto

Indicación:

Comienza hirviendo las gambas en agua con sal durante 3-4 minutos, escurre y reserva.

Pelar y picar finamente la cebolla, untarla con mantequilla derretida y, en cuanto se seque la mantequilla, sofreír el arroz en una sartén durante unos minutos.

Vierta medio vaso de vino blanco sobre el arroz, luego agregue el jugo de 1 limón. Remueve y termina de cocinar el arroz, añadiendo una cucharada de caldo de verduras según sea necesario.

Mezclar bien y unos minutos antes de finalizar la cocción, añadir las gambas previamente cocidas (reservar algunas para decorar) y un poco de pimienta negra.

Una vez que apagues el fuego, agrega una nuez de mantequilla y revuelve. El risotto está listo para servir. Adorne con las gambas restantes y espolvoree con cebollino.

Nutrición (por 100 g): 510 calorías 10 g de grasa 82,4 g de carbohidratos 20,6 g de proteína 875 mg de sodio

espaguetis con almejas

Tiempo de preparación: 10 minutos

Hora de cocinar: 40 minutos

Porciones: 4

Nivel de dificultad: fácil

Ingredientes:

- 11.5 onzas de espaguetis
- 2 libras de almejas
- 7 onzas de salsa de tomate o pasta de tomate para la versión roja de este platillo
- 2 dientes de ajo
- 4 cucharadas de aceite de oliva virgen extra
- 1 vaso de vino blanco seco
- 1 cucharada de perejil finamente picado
- 1 chile

Indicación:

Comience por lavar las almejas: nunca "enjuague" las almejas, solo ábralas con calor, de lo contrario, su preciado líquido interno se perderá junto con la arena. Lava las almejas rápidamente con un colador colocado en una ensaladera: esto filtrará la arena de las conchas.

Luego coloque inmediatamente las almejas escurridas en una olla con tapa a fuego alto. Darles la vuelta de vez en cuando, y cuando estén casi todos abiertos, retirarlos del fuego. Las almejas que permanecen cerradas están muertas y deben desecharse. Retirar de moluscos abiertos, conservar un poco enteros para decorar platos. Escurrir el líquido restante del fondo de la cacerola y reservar.

Tome una sartén grande y vierta un poco de aceite en ella. Calentar un pimiento entero y uno o dos dientes de ajo machacados a fuego muy lento hasta que los dientes se doren. Añadir las almejas y sazonar con vino blanco seco.

Ahora agregue el líquido de almejas prefiltrado y un poco de perejil picado finamente.

Escurrir y, después de cocer los espaguetis en abundante agua con sal, cocerlos al dente en una sartén. Remueve bien hasta que los espaguetis hayan absorbido todo el líquido de las almejas. Si no usó chile, complemente con una pizca ligera de pimienta blanca o negra.

Nutrición (por 100 g): 167 calorías 8 g de grasa 8,63 g de carbohidratos 5 g de proteína 720 mg de sodio

sopa de pescado griega

Tiempo de preparación: 10 minutos

Hora de cocinar: 60 minutos

Porciones: 4

Nivel de dificultad: fácil

Ingredientes:

- Merluza u otro pescado blanco
- 4 papas
- 4 cebollas pequeñas
- 2 zanahorias
- 2 tallos de apio
- 2 tomates
- 4 cucharadas de aceite de oliva virgen extra
- 2 huevos
- 1 limón
- 1 taza de arroz
- Sal al gusto

Indicación:

Elija un pescado que no pese más de 2,2 libras, quítele las escamas, las branquias y las vísceras y lávelo bien. Sazone con sal y reserve.

Lave las papas, las zanahorias y las cebollas y colóquelas enteras en una cacerola con suficiente agua para que se ablanden, luego llévelas a ebullición.

Añade el apio aún atado en manojos para que no se deshaga durante la cocción, corta los tomates en cuatro partes y añádelos junto con el aceite y la sal.

Cuando las verduras estén casi cocidas, añadir más agua y pescado. Cocinar durante 20 minutos y luego retirar del caldo junto con las verduras.

Disponer el pescado en un bol con las verduras y colar el caldo. Vuelva a poner el caldo en el fuego, diluya con un poco de agua. Una vez cocido, añade el arroz y sazona con sal. Una vez que el arroz esté cocido, retira la olla del fuego.

Preparar la salsa avgolemono:

Batir bien los huevos y agregar lentamente el jugo de limón. Ponga un poco de caldo en un cucharón y viértalo lentamente en los huevos, revolviendo constantemente.

Finalmente, agregue la salsa resultante a la sopa y mezcle bien.

Nutrición (por 100 g): 263 calorías 17,1 g de grasa 18,6 g de carbohidratos 9 g de proteína 823 mg de sodio

Arroz venus con gambas

Tiempo de preparación: 10 minutos

Hora de cocinar: 55 minutos

Porciones: 3

Nivel de dificultad: fácil

Ingredientes:

- 1 ½ tazas de arroz negro Venere (preferiblemente blanqueado)
- 5 cucharadas de aceite de oliva virgen extra
- 10.5 onzas de camarones
- 10.5 onzas de calabacín
- 1 limón (jugo y cáscara)
- Sal de mesa al gusto
- Pimienta negra al gusto
- 1 diente de ajo
- Tabasco al gusto

Indicación:

Empecemos con el arroz:

Después de llenar la cacerola con una gran cantidad de agua y llevarla a ebullición, agregue el arroz, la sal y cocine el tiempo que sea necesario (consulte las instrucciones de cocción en el paquete).

Mientras tanto, ralla los calabacines con un rallador con agujeros grandes. Calentar el aceite de oliva con el diente de ajo pelado en una sartén, añadir los calabacines rallados, salpimentar y cocinar durante 5 minutos, retirar el diente de ajo y reservar las verduras.

Ahora limpia los camarones:

Retire la cáscara, corte la cola, córtelas por la mitad a lo largo y retire las entrañas (hilo oscuro en la parte posterior). Coloque los camarones limpios en un tazón y rocíe con aceite de oliva; dale un sabor extra agregando ralladura de limón, sal y pimienta, y agregando unas gotas de Tabasco si lo deseas.

Caliente los camarones en una sartén caliente durante unos minutos. Ponga a un lado después de cocinar.

Una vez que el arroz Venere esté listo, escúrralo en un tazón, agregue la mezcla de calabacín y revuelva.

Nutrición (por 100 g): 293 calorías 5 g de grasa 52 g de carbohidratos 10 g de proteína 655 mg de sodio

Pennette de salmón y vodka

Tiempo de preparación: 10 minutos

Hora de cocinar: 18 minutos

Porciones: 4

Nivel de dificultad: fácil

Ingredientes:

- Penne Rigate 14 oz
- 7 onzas de salmón ahumado
- 1.2 onzas de chalotes
- 1.35 fl. onzas (40 ml) de vodka
- 150 g de tomates cherry
- 200 g de nata fresca líquida (para un plato más ligero, recomiendo la nata vegetal)
- Cebollín al gusto
- 3 cucharadas de aceite de oliva virgen extra
- Sal al gusto
- Pimienta negra al gusto
- albahaca al gusto (para decorar)

Indicación:

Lavar y picar los tomates y las cebolletas. Después de pelar las chalotas, pícalas con un cuchillo, ponlas en una olla y déjalas macerar en aceite de oliva virgen extra durante unos segundos.

Mientras tanto, corta el salmón en tiras y fríelo junto con aceite y chalotes.

Mezcla todo con vodka, ten cuidado porque se puede formar una bengala (si la llama sube, no te preocupes, se apagará una vez que el alcohol se haya evaporado por completo). Agrega la pulpa de tomate y agrega una pizca de sal y un poco de pimienta si lo deseas. Por último, añadir la nata y el cebollino picado.

Mientras se cocina la salsa, prepara la pasta. Una vez que el agua esté hirviendo, añade las Pennette y déjalas cocer al dente.

Escurre la pasta y vierte el pennette en la salsa y deja que se cocine un rato para que absorba todo el sabor. Adorne con una hoja de albahaca si lo desea.

Nutrición (por 100 g): 620 calorías 21,9 g de grasa 81,7 g de carbohidratos 24 g de proteína 326 mg de sodio

carbonara de marisco

Tiempo de preparación: 15 minutos

Hora de cocinar: 50 minutos

Porciones: 3

Nivel de dificultad: fácil

Ingredientes:

- 11.5 onzas de espaguetis
- 3.5 onzas de atún
- 3.5 onzas de pez espada
- 3.5 onzas de salmón
- 6 yemas de huevo
- 4 cucharadas de parmesano reggiano
- 2 fl. onzas (60 ml) de vino blanco
- 1 diente de ajo
- Aceite de oliva virgen extra al gusto
- Sal de mesa al gusto
- Pimienta negra al gusto

Indicación:

Hervir agua en una olla y agregar un poco de sal.

Mientras tanto, vierta 6 yemas de huevo en un tazón y agregue queso parmesano rallado, pimienta y sal. Batir con un batidor y diluir con un poco de agua hirviendo de la cacerola.

Retire las espinas del salmón, el pez espada de las escamas y proceda a cortar en dados el atún, el salmón y el pez espada.

Una vez que hierva, sazone la pasta y cocine ligeramente al dente.

Mientras tanto, caliente una gota de aceite en una sartén grande, agregue un diente de ajo entero pelado. Una vez que el aceite esté caliente, añade los cubos de pescado y fríe a fuego alto durante aproximadamente 1 minuto. Retire el ajo y agregue el vino blanco.

Una vez que el alcohol se haya evaporado, retire los cubos de pescado y reduzca el fuego. Una vez listos los espaguetis, los añadimos a la sartén y los sofreímos durante un minuto aproximadamente, añadiendo el agua de la cocción si es necesario.

Vierta la mezcla de yemas y los cubos de pescado. Mezclar bien. Atender.

Nutrición (por 100 g): 375 calorías 17 g de grasa 41,40 g de carbohidratos 14 g de proteína 755 mg de sodio

Garganelli con pesto de calabacín y gambas

Tiempo de preparación: 10 minutos

Hora de cocinar: 30 minutos

Porciones: 4

Nivel de dificultad: medio

Ingredientes:

- 300 g Garganelli con huevo
- Para el pesto de calabacín:
- 7 onzas de calabacín
- 1 taza de piñones
- 8 cucharadas (0,35 onzas) de albahaca
- 1 cucharadita de sal de mesa
- 9 cucharadas de aceite de oliva virgen extra
- Rallar 2 cucharadas de parmesano
- 1 onza de pecorino rallado
- Para los camarones salteados:
- 8.8 onzas de camarones
- 1 diente de ajo
- 7 cucharaditas de aceite de oliva virgen extra
- Pizca de sal

Indicación:

Empezar haciendo el pesto:

Después de lavar, rallar los calabacines, ponerlos en un colador (para que pierdan el exceso de líquido) y salarlos ligeramente. Coloque los piñones, el calabacín y las hojas de albahaca en una licuadora. Agregue parmesano rallado, pecorino y aceite de oliva virgen extra.

Mezcla todo hasta que se forme una mezcla cremosa, agrega una pizca de sal y reserva.

Cambiar a camarones:

Primero, retire la tripa cortando la parte posterior del camarón a lo largo con un cuchillo y usando la punta del cuchillo para quitar el hilo negro del interior.

Cocine un diente de ajo en una sartén antiadherente con aceite de oliva virgen extra. Cuando esté dorado, retira el ajo y agrega los camarones. Fríelas durante unos 5 minutos a fuego medio hasta que veas una costra crujiente por fuera.

Luego ponga a hervir una olla de agua con sal y cocine los garganelli. Reservar unas cucharadas del agua de la cocción y escurrir la pasta al dente.

Coloque el Garganelli en la sartén donde cocinó los camarones. Cocine juntos por un minuto, agregue una cucharada de agua hirviendo y finalmente agregue el pesto de calabacín.

Mezclar todo bien para combinar la pasta con la salsa.

Nutrición (por 100 g): 776 calorías 46 g de grasa 68 g de carbohidratos 22,5 g de proteína 835 mg de sodio

Arroz con salmón

Tiempo de preparación: 10 minutos

Hora de cocinar: 30 minutos

Porciones: 4

Nivel de dificultad: medio

Ingredientes:

- 1 taza (12,3 onzas) de arroz
- Filetes de salmón de 8.8 onzas
- 1 puerro
- Aceite de oliva virgen extra al gusto
- 1 diente de ajo
- ½ vaso de vino blanco
- 3 ½ cucharadas de Grana Padano rallado
- Sal al gusto
- Pimienta negra al gusto
- 17 fl. oz (500 ml) de caldo de pescado
- 1 taza de mantequilla

Indicación:

Comienza limpiando el salmón y cortándolo en trozos pequeños. Hervir 1 cucharada de aceite con un diente de ajo entero en una sartén y sofreír el salmón durante 2/3 minutos, añadir sal y reservar el salmón, retirar el ajo.

Ahora empieza a preparar el risotto:

Cortar los puerros en trocitos muy pequeños y freírlos en una sartén con dos cucharadas de aceite a fuego lento. Agrega el arroz y cocina por unos segundos a fuego medio-alto, revolviendo con una cuchara de madera.

Verter el vino blanco y seguir cocinando, removiendo de vez en cuando, procurando que el arroz no se pegue a la sartén, y vertiendo poco a poco el caldo (verdura o pescado).

A la mitad de la cocción, agregue el salmón, la mantequilla y una pizca de sal si es necesario. Cuando el arroz esté bien cocido, retíralo del fuego. Mezclar con unas cucharadas de Grana Padano rallado y servir.

Nutrición (por 100 g): 521 calorías 13 g de grasa 82 g de carbohidratos 19 g de proteína 839 mg de sodio

Pasta con tomates cherry y anchoas

Tiempo de preparación: 15 minutos

Hora de cocinar: 35 minutos

Porciones: 4

Nivel de dificultad: fácil

Ingredientes:

- 10.5 onzas de espagueti
- 1.3 libras de tomates cherry
- 9 onzas de anchoas (limpias)
- 2 cucharadas de alcaparras
- 1 diente de ajo
- 1 cebolla roja pequeña
- perejil al gusto
- Aceite de oliva virgen extra al gusto
- Sal de mesa al gusto
- Pimienta negra al gusto
- Aceitunas negras al gusto

Indicación:

Cortar el diente de ajo en rodajas finas.

Cortar los tomates en dos partes. Pelar y picar la cebolla.

Poner una gota de aceite con ajo y cebolla picada en la cacerola. Calienta todo a fuego medio por 5 minutos; revuelva ocasionalmente.

Una vez que todo esté bien sazonado, añade los tomates cherry y una pizca de sal y pimienta. Cocine por 15 minutos. Mientras tanto, pon una olla con agua al fuego y una vez que esté hirviendo, agrega la sal y la pasta.

Cuando la salsa esté casi hecha, añadir las anchoas y cocinar unos minutos. Mezcla suavemente.

Apaga el fuego, pica el perejil y ponlo en la sartén.

Después de cocinar, escurra la pasta y agréguela directamente a la salsa. Vuelva a encender el fuego durante unos segundos.

Nutrición (por 100 g): 446 calorías 10 g de grasa 66,1 g de carbohidratos 22,8 g de proteína 934 mg de sodio

Orecchiette Brócoli Y Salchicha

Tiempo de preparación: 10 minutos

Hora de cocinar: 32 minutos

Porciones: 4

Nivel de dificultad: medio

Ingredientes:

- 11.5 onzas de orecchiette
- 10.5 brócoli
- 10.5 onzas de salchicha
- 1.35 fl. onzas (40 ml) de vino blanco
- 1 diente de ajo
- 2 ramitas de tomillo
- 7 cucharaditas de aceite de oliva virgen extra
- Pimienta negra al gusto
- Sal de mesa al gusto

Indicación:

Hervir una olla llena de agua y sal. Retire los floretes de brócoli del tallo y córtelos por la mitad o en cuartos si son demasiado grandes; luego póngalos en agua hirviendo, cubra la olla y cocine por 6-7 minutos.

Mientras tanto, picar finamente el tomillo y reservar. Retire la tripa de la salchicha y macháquela suavemente con un tenedor.

Sofreír el diente de ajo en una gota de aceite y añadir la longaniza. Pasados unos segundos, añadimos el tomillo y un poco de vino blanco.

Con una cuchara ranurada, retire el brócoli cocido sin derramar el agua de cocción y agregue a la carne poco a poco. Hervir todo durante 3-4 minutos. Retire el ajo y agregue una pizca de pimienta negra.

Ponga a hervir el agua que usó para cocinar el brócoli, luego agregue la pasta y deje hervir. Una vez que la pasta esté cocida, escurra con una espumadera y transfiérala directamente a la salsa de brócoli y salchichas. Luego mezclar bien, agregar pimienta negra y sofreír todo en una sartén por unos minutos.

Nutrición (por 100 g): 683 calorías 36 g de grasa 69,6 g de carbohidratos 20 g de proteína 733 mg de sodio

Risotto de radicchio y beicon ahumado

Tiempo de preparación: 10 minutos

Hora de cocinar: 30 minutos

Porciones: 3

Nivel de dificultad: medio

Ingredientes:

- 1 1/2 tazas de arroz
- 14 onzas de achicoria
- 5.3 onzas de tocino ahumado
- 34 fl. oz (1L) de caldo de verduras
- 3.4 fl. oz (100 ml) de vino tinto
- 7 cucharaditas de aceite de oliva virgen extra
- 1.7 onzas de chalotes
- Sal de mesa al gusto
- Pimienta negra al gusto
- 3 ramitas de tomillo

Indicación:

Comenzamos preparando el caldo de verduras.

Comience con la achicoria: córtela por la mitad y retire la parte central (la parte blanca). Córtalo en tiras, enjuaga bien y reserva. Cortamos también la panceta ahumada en tiras.

Picar finamente la chalota y ponerla en una sartén con una gota de aceite. Llevar a ebullición a fuego medio, añadir un cucharón de caldo, añadir la panceta y sofreír.

Después de unos 2 minutos, agregue el arroz y fríalo, revolviendo con frecuencia. En este punto, vierta el vino tinto a fuego alto.

Una vez evaporado todo el alcohol, continuar la cocción añadiendo un cucharón de caldo. Deja secar el anterior antes de añadir el siguiente hasta que esté completamente cocido. Agregue sal y pimienta negra (dependiendo de la cantidad que elija agregar).

Al final de la cocción, añadir las tiras de achicoria. Mézclalos bien hasta que se mezclen con el arroz pero sin que se cocinen. Añadir el tomillo picado.

Nutrición (por 100 g): 482 calorías 17,5 g de grasa 68,1 g de carbohidratos 13 g de proteína 725 mg de sodio

Pasta alla genovesa

Tiempo de preparación: 10 minutos

Hora de cocinar: 25 minutos

Porciones: 3

Nivel de dificultad: medio

Ingredientes:

- 11.5 oz Zití
- 1 libra de carne de res
- 2.2 libras de cebollas marrones
- 2 onzas de apio
- 2 onzas de zanahorias
- 1 ramita de perejil
- 3.4 fl. onzas (100 ml) de vino blanco
- Aceite de oliva virgen extra al gusto
- Sal de mesa al gusto
- Pimienta negra al gusto
- parmesano al gusto

Indicación:

Para preparar la pasta, comience:

Pelar la cebolla y la zanahoria y picar finamente. Luego lave y pique finamente el apio (las hojas también deben picarse y reservarse), no las tire. Luego ve a la carne, retira el exceso de grasa y córtala en 5/6 trozos grandes. Finalmente, ata las hojas de apio y las ramitas de perejil con hilo de cocina para crear un ramo fragante.

Vierta abundante aceite en una sartén grande. Añade la cebolla, el apio y la zanahoria (que apartaste antes) y saltea unos minutos.

A continuación, añadir los trozos de carne, una pizca de sal y el bouquet garni. Revuelva y cocine por unos minutos. Luego reduzca el fuego y cubra con una tapa.

Cocine durante al menos 3 horas (no agregue agua ni caldo, las cebollas soltarán todo el líquido necesario para evitar que el fondo de la sartén se seque). Revisa y mezcla todo de vez en cuando.

Pasadas las 3 horas de cocción, retirar el manojo de hierbas aromáticas, subir un poco la temperatura, añadir un poco de vino y mezclar.

Cocine la carne sin tapar durante aproximadamente una hora, revolviendo con frecuencia y vertiendo el vino cuando el fondo de la sartén se seque.

En este punto, toma un trozo de carne, córtalo en rodajas sobre una tabla de cortar y reserva. Cortar el ziti y cocerlo en agua hirviendo con sal.

Después de cocinar, escurrir y volver a la sartén. Añadir unas cucharadas de agua de cocción y remover. Acomode en un plato y cubra con un poco de la salsa y la carne desmenuzada (la que reservó en el paso 7). Agregue pimienta y queso parmesano rallado al gusto.

Nutrición (por 100 g): 450 calorías 8 g de grasa 80 g de carbohidratos 14,5 g de proteína 816 mg de sodio

Pasta de coliflor napolitana

Tiempo de preparación: 15 minutos
Hora de cocinar: 35 minutos
Porciones: 3
Nivel de dificultad: medio

Ingredientes:

- 10.5 onzas de pasta
- 1 coliflor
- 3.4 fl. 100 ml de puré de tomate
- 1 diente de ajo
- 1 chile
- 3 cucharadas de aceite de oliva virgen extra (o cucharadita)
- Sal al gusto
- Pimienta la necesaria

Indicación:

Limpia bien la coliflor: quita las hojas exteriores y el tallo. Córtalo en pequeñas flores.

Pelamos el diente de ajo, lo troceamos y lo sofreímos en una olla con aceite y guindilla.

Añadir el puré de tomate y los cogollos de coliflor y sofreír a fuego lento durante unos minutos, luego cubrir con unos cucharones de agua y cocinar durante 15-20 minutos o al menos hasta que la coliflor esté cremosa.

Si ves que el fondo de la cacerola está demasiado seco, añade tanta agua como sea necesaria para que la mezcla se mantenga líquida.

En este punto, cubre la coliflor con agua caliente y una vez que esté cocida, añade la pasta.

Condimentar con sal y pimienta.

Nutrición (por 100 g): 458 calorías 18 g de grasa 65 g de carbohidratos 9 g de proteína 746 mg de sodio

Pasta y frijoles Naranja e hinojo

Tiempo de preparación: 10 minutos
Hora de cocinar: 30 minutos
Porciones: 5
Nivel de dificultad: dificultad

Ingredientes:

- Aceite de oliva virgen extra - 1 cucharada. más extra por porción
- Tocino - 2 oz, finamente picado
- Cebolla - 1, finamente picada
- Hinojo - 1 tubérculo, deseche los tallos, tubérculo cortado a la mitad, sin corazón y finamente picado
- Apio - 1 costilla, picada
- Ajo - 2 dientes, picados
- Filetes de anchoa - 3, enjuagados y rebanados
- Orégano fresco picado - 1 cucharada.
- Cáscara de naranja rallada - 2 cucharaditas.
- Semillas de hinojo - ½ cucharadita.
- Hojuelas de pimiento rojo - ¼ de cucharadita.
- Tomates picados - 1 lata (28 oz)
- Parmesano - 1 corteza o más por porción
- Frijoles Cannellini - 1 lata (7 oz), enjuagados
- Caldo de pollo - 2 1/2 tazas
- Agua - 2 1/2 tazas

- Sal y pimienta
- Cebada - 1 taza
- Perejil fresco picado - ¼ de taza

Indicación:

Caliente el aceite en un horno holandés a fuego medio. Agrega el tocino. Saltee durante 3-5 minutos o hasta que comiencen a dorarse. Agregue el apio, el hinojo y la cebolla y cocine, revolviendo constantemente, hasta que se ablanden, aproximadamente de 5 a 7 minutos.

Mezclar las hojuelas de pimiento, las semillas de hinojo, la piel de naranja, el orégano, las anchoas y el ajo. Cocine por 1 minuto. Mezclar los tomates y su jugo. Mezcle la corteza de parmesano y los frijoles.

Llevar a ebullición y cocinar durante 10 minutos. Mezcle el agua, el caldo y 1 cucharadita. sal. Llevar a ebullición a fuego alto. Mezclar la pasta y cocinar al dente.

Retire del fuego y deseche la corteza de queso parmesano.

Agregue el perejil y sazone con sal y pimienta al gusto. Rocíe con un poco de aceite de oliva y espolvoree con queso parmesano rallado. Atender.

Nutrición (por 100 g): 502 calorías 8,8 g de grasa 72,2 g de carbohidratos 34,9 g de proteína 693 mg de sodio

espaguetis al limón

Tiempo de preparación: 10 minutos
Hora de cocinar: 15 minutos
Porciones: 6
Nivel de dificultad: fácil

Ingredientes:

- Aceite de oliva virgen extra - ½ taza
- Cáscara de limón rallada - 2 cucharaditas.
- Jugo de limón - 1/3 taza
- Ajo - 1 diente, molido en una pasta
- Sal y pimienta
- queso parmesano - 2 oz, rallado
- Espagueti - 1 libra
- Albahaca fresca picada - 6 cucharadas.

Indicación:

En un tazón, bata el ajo, el aceite, la ralladura de limón, el jugo, ½ cucharadita. sal y ¼ de cucharadita. Pimienta. Agregue el queso parmesano y mezcle hasta que esté cremoso.

Mientras tanto, cocina la pasta según las instrucciones del paquete. Escurrir y reservar ½ taza del agua de la cocción. Agregue la mezcla de aceite y albahaca a la pasta y revuelva para combinar. Sazone bien y agregue agua de cocción según sea necesario. Atender.

Nutrición (por 100 g): 398 calorías 20,7 g de grasa 42,5 g de carbohidratos 11,9 g de proteína 844 mg de sodio

Cuscús de verduras especiadas

Tiempo de preparación: 10 minutos
Hora de cocinar: 20 minutos
Porciones: 6
Nivel de dificultad: difícil

Ingredientes:

- Coliflor - 1 cabeza, cortada en floretes de 1 pulgada
- Aceite de oliva virgen extra - 6 cucharas. más extra por porción
- Sal y pimienta
- Cuscús - 1 1/2 tazas
- Calabacín - 1, cortado en trozos de ½ pulgada
- Pimiento rojo - 1, sin tallo, sin semillas y cortado en trozos de ½ pulgada
- Ajo - 4 dientes, picados
- Ras el hanout - 2 cucharaditas.
- Cáscara de limón rallada - 1 cucharadita. rodajas de limón adicionales para servir
- Caldo de pollo - 1 3/4 tazas
- Mejorana fresca picada - 1 cucharada.

Indicación:

En una sartén, caliente 2 cucharadas. aceite a fuego medio. Agregue la coliflor, ¾ de cucharadita. sal y ½ cdta. Pimienta. Mezcla. Hornee hasta que las flores estén doradas y los bordes estén translúcidos.

Retire la tapa y cocine, revolviendo, durante 10 minutos o hasta que los floretes estén dorados. Transfiera a un tazón y limpie la sartén. Caliente 2 cucharadas. aceite en la sartén.

Añadir cuscús. Cocine y continúe revolviendo durante 3 a 5 minutos, o hasta que los frijoles comiencen a dorarse. Transfiera a un tazón y limpie la sartén. Caliente las 3 cucharadas restantes. aceite en la sartén y agregue el pimiento, el calabacín y 1/2 cucharadita. sal. Cocine por 8 minutos.

Mezclar la ralladura de limón, el ras el hanout y el ajo. Cocine hasta que esté fragante (alrededor de 30 segundos). Ponga el caldo y cocine a fuego lento. Añadir cuscús. Retirar del fuego y reservar para ablandar.

Agrega la mejorana y la coliflor; luego esponje suavemente con un tenedor para incorporar. Rocíe con aceite extra y sazone bien. Servir con rodajas de limón.

Nutrición (por 100 g): 787 calorías 18,3 g de grasa 129,6 g de carbohidratos 24,5 g de proteína 699 mg de sodio

Arroz al horno especiado con hinojo

Tiempo de preparación: 10 minutos

Hora de cocinar: 45 minutos

Porciones: 8

Nivel de dificultad: medio

Ingredientes:

- Batatas - 1 1/2 libras, peladas y cortadas en trozos de 1 pulgada
- Aceite de oliva virgen extra - ¼ de taza
- Sal y pimienta
- Hinojo - 1 bulbo, finamente picado
- Cebolla pequeña - 1, finamente picada
- Arroz blanco de grano largo - 1 1/2 tazas, enjuagado
- Ajo - 4 dientes, picados
- Ras el hanout - 2 cucharaditas.
- Caldo de pollo - 2 tazas
- Aceitunas verdes grandes sin hueso en salmuera - ¾ de taza, cortadas por la mitad
- Cilantro fresco picado - 2 cucharadas.
- Rodajas de limón

Indicación:

Coloque la rejilla en el centro del horno y precaliente el horno a 400 F. Sazone las papas con ½ cdta. sal y 2 cdas. aceite.

Coloque las papas en una sola capa en una bandeja para hornear con borde y ase durante 25 a 30 minutos o hasta que estén tiernas. A la mitad de la cocción, agregue las papas.

Retire las papas y reduzca la temperatura del horno a 350 F. En un horno holandés, caliente las 2 cucharadas restantes. aceite a fuego medio.

Agrega la cebolla y el hinojo; luego cocine durante 5 a 7 minutos o hasta que estén tiernos. Añadir el ras el hanout, el ajo y el arroz. Rehogar durante 3 minutos.

Añadir las aceitunas y el caldo y dejar reposar durante 10 minutos. Agregue las papas al arroz y mezcle suavemente con un tenedor. Sazone con sal y pimienta al gusto. Adorne con cilantro y sirva con rodajas de lima.

Nutrición (por 100 g): 207 calorías 8,9 g de grasa 29,4 g de carbohidratos 3,9 g de proteína 711 mg de sodio

Cuscús marroquí con garbanzos

Tiempo de preparación: 5 minutos
Hora de cocinar: 18 minutos
Porciones: 6
Nivel de dificultad: medio

Ingredientes:

- Aceite de Oliva Extra Virgen - ¼ taza, extra por servir
- Cuscús - 1 1/2 tazas
- Zanahorias finamente peladas y picadas - 2
- Cebolla finamente picada - 1
- Sal y pimienta
- Ajo - 3 dientes, picados
- cilantro molido - 1 cucharadita.
- Jengibre molido - una cucharadita.
- Anís molido - ¼ de cucharadita.
- Caldo de pollo - 1 3/4 tazas
- Garbanzos - 1 lata (15 oz), enjuagados
- Guisantes congelados - 1 1/2 tazas
- Perejil o cilantro fresco picado - ½ taza
- rodajas de limon

Indicación:

Caliente 2 cucharadas. aceite en una sartén a fuego medio. Agregue el cuscús y cocine durante 3 a 5 minutos o hasta que comience a dorarse. Transfiera a un tazón y limpie la sartén.

Caliente las 2 cucharadas restantes. aceite en una sartén y agregue la cebolla, la zanahoria y 1 cucharadita. sal. Cocine durante 5-7 minutos. Mezcla el anís, el jengibre, el cilantro y el ajo. Cocine hasta que esté fragante (alrededor de 30 segundos).

Agregue los garbanzos y el caldo y deje hervir. Agregue el cuscús y los guisantes. Cubrir y retirar del fuego. Reserva hasta que el cuscús esté tierno.

Agregue el perejil al cuscús y mezcle con un tenedor. Rocíe con aceite extra y sazone bien. Servir con rodajas de limón.

Nutrición (por 100 g): 649 calorías 14,2 g de grasa 102,8 g de carbohidratos 30,1 g de proteína 812 mg de sodio

Paella vegetariana con judías verdes y garbanzos

Tiempo de preparación: 10 minutos
Hora de cocinar: 35 minutos
Porciones: 4
Nivel de dificultad: fácil

Ingredientes:

- Una pizca de azafrán
- Caldo de verduras - 3 tazas
- Aceite de oliva - 1 cucharada.
- cebolla amarilla - 1 grande, cortada en cubitos
- Ajo - 4 dientes, cortados en rodajas
- Pimiento rojo - 1, cortado en cubitos
- Puré de tomate - ¾ taza, fresco o enlatado
- Puré de tomate - 2 cucharadas.
- pimiento picante - 1 ½ cucharadita.
- Sal - 1 cucharadita.
- Pimienta negra recién molida - ½ cucharadita.
- Judías verdes - 1 1/2 tazas, peladas y cortadas por la mitad
- Garbanzos - 1 lata (15 onzas), escurridos y enjuagados
- Arroz blanco de grano corto - 1 taza
- Limón - 1, cortado en gajos

Indicación:

Mezclar las hebras de azafrán con 3 cucharadas. agua tibia en un tazón pequeño. Lleva el agua a ebullición en una cacerola a fuego medio. Bajar el fuego y dejar que hierva a fuego lento.

Calentar el aceite en una sartén a fuego medio. Agregue la cebolla y fría durante 5 minutos, revolviendo constantemente. Agregue el pimiento y el ajo y cocine, revolviendo, durante 7 minutos o hasta que el pimiento se ablande. Agregue una mezcla de agua de azafrán, sal, pimienta, pimentón, puré de tomate y tomates.

Agregue el arroz, los garbanzos y las judías verdes. Incorporar el caldo caliente y llevar a ebullición. Reduzca el fuego y cocine sin tapar durante 20 minutos.

Servir caliente, adornado con rodajas de limón.

Nutrición (por 100 g): 709 calorías 12 g de grasa 121 g de carbohidratos 33 g de proteína 633 mg de sodio

Gambas al ajillo con tomate y albahaca

Tiempo de preparación: 10 minutos

Hora de cocinar: 10 minutos

Porciones: 4

Nivel de dificultad: fácil

Ingredientes:

- Aceite de oliva - 2 cucharadas.
- Camarones - 1 ¼ lb, pelados y limpios
- Ajo - 3 dientes, picados
- Hojuelas de pimiento rojo triturado - 1/8 cucharadita.
- Vino blanco seco - ¾ taza
- Tomates uva - 1 1/2 tazas
- Albahaca fresca finamente picada - ¼ de taza, y más para decorar
- Sal - ¾ cucharadita.
- Pimienta negra molida - ½ cucharadita.

Indicación:

Calentar el aceite en una sartén a fuego medio-alto. Agregue los camarones y cocine por 1 minuto o hasta que estén bien cocidos. Transferir a un plato.

Coloque las hojuelas de pimiento rojo y el ajo en el aceite en la sartén y cocine, revolviendo, durante 30 segundos. Agregue el vino y cocine hasta que se reduzca a la mitad.

Agregue los tomates y cocine, revolviendo constantemente, hasta que los tomates comiencen a descomponerse (alrededor de 3 a 4 minutos). Agregue los camarones reservados, la sal, la pimienta y la albahaca. Cocine durante 1 a 2 minutos más.

Servir adornado con la albahaca restante.

Nutrición (por 100 g): 282 calorías 10 g de grasa 7 g de carbohidratos 33 g de proteína 593 mg de sodio

paella de gambas

Tiempo de preparación: 10 minutos
Hora de cocinar: 25 minutos
Porciones: 4
Nivel de dificultad: medio

Ingredientes:

- Aceite de oliva - 2 cucharadas.
- Cebolla mediana - 1, cortada en cubitos
- Pimiento rojo - 1, cortado en cubitos
- Ajo - 3 dientes, picados
- Una pizca de azafrán
- pimiento picante - ¼ de cucharadita.
- Sal - 1 cucharadita.
- Pimienta negra recién molida - ½ cucharadita.
- Caldo de pollo - 3 tazas, divididas
- Arroz blanco de grano corto - 1 taza
- Camarones grandes pelados y sin cáscara - 1 libra
- Guisantes congelados - 1 taza, descongelados

Indicación:

Calentar el aceite de oliva en una sartén. Agregue la cebolla y el pimiento y cocine, revolviendo constantemente, durante 6 minutos o hasta que se ablanden. Añadir sal, pimienta, pimentón, azafrán y ajo y mezclar. Agregue 2 1/2 tazas de caldo y arroz.

Lleve la mezcla a ebullición, luego cocine a fuego lento hasta que el arroz esté cocido, aproximadamente 12 minutos. Coloque los camarones y los guisantes encima del arroz y agregue la ½ taza de caldo restante.

Coloque una tapa en la sartén y cocine hasta que todos los camarones estén cocidos (unos 5 minutos). Atender.

Nutrición (por 100 g): 409 calorías 10 g de grasa 51 g de carbohidratos 25 g de proteína 693 mg de sodio

Ensalada de lentejas con aceitunas, menta y queso feta

Tiempo de preparación: 60 minutos
Hora de cocinar: 60 minutos
Porciones: 6
Nivel de dificultad: medio

Ingredientes:

- Sal y pimienta
- Lentejas francesas - 1 taza, recogidas y enjuagadas
- Ajo - 5 dientes, ligeramente machacados y pelados
- hoja de laurel - 1
- Aceite de oliva virgen extra - 5 cucharas.
- Vinagre de vino blanco - 3 cucharadas.
- Aceitunas Kalamata deshuesadas - ½ taza, picadas
- Menta fresca picada - ½ taza
- Chalote - 1 grande, picado
- Queso Feta - 1 oz, desmenuzado

Indicación:

Agregue 4 tazas de agua tibia y 1 cucharadita. sal en un bol. Añade las lentejas y déjalas en remojo durante 1 hora a temperatura ambiente. Escurrir bien.

Coloque la rejilla en el centro y precaliente el horno a 325 F. Combine las lentejas, 4 tazas de agua, el ajo, la hoja de laurel y 1/2 cucharadita. sal en una olla. Cubra y coloque la cacerola en el horno y hornee durante 40-60 minutos o hasta que las lentejas estén tiernas.

Escurrir bien las lentejas, retirar el ajo y el laurel. En un tazón grande, tamiza el aceite y el vinagre. Agregue los chalotes, la menta, las aceitunas y las lentejas y mezcle para combinar.

Sazone con sal y pimienta al gusto. Coloque cuidadosamente en un plato para servir y cubra con queso feta. Atender.

Nutrición (por 100 g): 249 calorías 14,3 g de grasa 22,1 g de carbohidratos 9,5 g de proteína 885 mg de sodio

Garbanzos con ajo y perejil

Tiempo de preparación: 5 minutos

Hora de cocinar: 20 minutos

Porciones: 6

Nivel de dificultad: medio

Ingredientes:

- Aceite de oliva virgen extra - ¼ de taza
- Ajo - 4 dientes, en rodajas finas
- Hojuelas de pimiento rojo - 1/8 cucharadita.
- Cebolla - 1, picada
- Sal y pimienta
- Garbanzos - 2 latas (15 oz), enjuagadas
- Caldo de pollo - 1 taza
- Perejil fresco picado - 2 cucharadas.
- Jugo de limón - 2 cucharaditas.

Indicación:

En la sartén, agregue 3 cucharadas. engrase y cocine las hojuelas de ajo y pimiento durante 3 minutos. Agregue la cebolla y ¼ de cucharadita. sal y cocine por 5-7 minutos.

Agregue los garbanzos y el caldo y deje hervir. Reduzca el fuego y cocine a fuego lento, tapado, durante 7 minutos.

Destape y ponga a fuego alto y cocine por 3 minutos o hasta que todo el líquido se haya evaporado. Ponga a un lado y agregue el jugo de limón y el perejil.

Sazone con sal y pimienta al gusto. Sazone con 1 cucharada. extender y servir.

Nutrición (por 100 g): 611 calorías 17,6 g de grasa 89,5 g de carbohidratos 28,7 g de proteína 789 mg de sodio

Garbanzos al vapor con berenjena y tomate

Tiempo de preparación: 10 minutos
Hora de cocinar: 60 minutos
Porciones: 6
Nivel de dificultad: fácil

Ingredientes:

- Aceite de oliva virgen extra - ¼ de taza
- Cebollas - 2, picadas
- Pimiento verde - 1, finamente picado
- Sal y pimienta
- Ajo - 3 dientes, picados
- Orégano fresco picado - 1 cucharada.
- hoja de laurel - 2
- Berenjena - 1 libra, cortada en trozos de 1 pulgada
- Tomates enteros pelados - 1, enlatado, escurrido del jugo reservado, picado
- Garbanzos - 2 latas (15 oz), escurridas con 1 taza de líquido reservado

Indicación:

Coloque una rejilla en el fondo y precaliente el horno a 400 F. Caliente el aceite en un horno holandés. Agregue pimentón, cebolla, ½ cucharadita. sal y ¼ de cucharadita. Pimienta. Freír durante 5 minutos, revolviendo constantemente.

Agregue 1 cucharadita. orégano, ajo y laurel y cocine por 30 segundos. Agregue los tomates, las berenjenas, el jugo reservado, los garbanzos y el líquido reservado y deje hervir. Transfiera la olla al horno y hornee sin tapar durante 45 a 60 minutos. Mezclar dos veces.

Retire las hojas de laurel. Agregue las 2 cucharaditas restantes. orégano y sazona con sal y pimienta. Atender.

Nutrición (por 100 g): 642 calorías 17,3 g de grasa 93,8 g de carbohidratos 29,3 g de proteína 983 mg de sodio

Arroz griego con limon

Tiempo de preparación: 20 minutos
Hora de cocinar: 45 minutos
Porciones: 6
Nivel de dificultad: medio

Ingredientes:

- Arroz de grano largo - 2 tazas, crudo (remojado en agua fría durante 20 minutos, luego escurrido)
- Aceite de oliva virgen extra - 3 cucharadas.
- Cebolla amarilla - 1 mediana, picada
- Ajo - 1 diente, picado
- Pasta orzo - ½ taza
- Zumo de 2 limones más ralladura de 1 limón
- Caldo bajo en sodio - 2 tazas
- Pizca de sal
- Perejil picado - 1 puñado grande
- Eneldo - 1 cucharadita.

Indicación:

En una cacerola, caliente 3 cucharadas. aceite de oliva virgen extra. Agregue la cebolla y fría durante 3-4 minutos, revolviendo constantemente. Agregue la pasta orzo y el ajo y revuelva para combinar.

Luego agregue el arroz para cubrir. Agregue el caldo y el jugo de limón. Llevar a ebullición y reducir el fuego. Tape y cocine por unos 20 minutos.

Alejar del calor. Cubra y deje reposar durante 10 minutos. Destape y agregue la ralladura de limón, el eneldo y el perejil. Atender.

Nutrición (por 100 g): 145 Calorías 6,9 g Grasa 18,3 g Carbohidratos 3,3 g Proteína 893 mg Sodio

Arroz con hierbas aromáticas

Tiempo de preparación: 10 minutos

Hora de cocinar: 30 minutos

Porciones: 4

Nivel de dificultad: fácil

Ingredientes:

- Aceite de oliva virgen extra - ½ taza, cantidad dividida
- Grandes dientes de ajo - 5, picados
- Arroz jazmín integral - 2 tazas
- Agua - 4 tazas
- Sal marina - 1 cucharadita.
- Pimienta negra - 1 cucharadita.
- Cebollino fresco picado - 3 cucharadas.
- Perejil fresco picado - 2 cucharadas.
- Albahaca fresca picada - 1 cucharada.

Indicación:

Agregue ¼ de taza de aceite de oliva, ajo y arroz a la olla. Revuelva y caliente a fuego medio. Mezcla agua, sal marina y pimienta negra. Luego mezcle nuevamente.

Llevar a ebullición y reducir el fuego. Cocine a fuego lento sin tapar, revolviendo ocasionalmente.

Cuando el agua esté casi absorbida, agregue el ¼ de taza de aceite de oliva restante junto con la albahaca, el perejil y las cebolletas.

Remueve hasta que se incorporen las hierbas y se absorba toda el agua.

Nutrición (por 100 g): 304 calorías 25,8 g de grasa 19,3 g de carbohidratos 2 g de proteína 874 mg de sodio

Ensalada mediterránea de arroz

Tiempo de preparación: 10 minutos
Hora de cocinar: 25 minutos
Porciones: 4
Nivel de dificultad: medio

Ingredientes:

- Aceite de oliva virgen extra - ½ taza, cantidad dividida
- Arroz integral de grano largo - 1 taza
- Agua - 2 tazas
- Jugo de limón fresco - ¼ de taza
- Diente de ajo - 1, picado
- Romero fresco picado - 1 cucharadita.
- Menta fresca picada - 1 cucharadita.
- Endibia belga - 3, picadas
- Pimiento rojo - 1 mediano, picado
- Pepino de invernadero - 1, picado
- Cebollas verdes enteras picadas - ½ taza
- Aceitunas Kalamata picadas - ½ taza
- Hojuelas de pimiento rojo - ¼ de cucharadita.
- Queso feta desmenuzado - ¾ taza
- sal marina y pimienta negra

Indicación:

Caliente ¼ de taza de aceite de oliva, arroz y una pizca de sal en una cacerola a fuego lento. Revuelva para cubrir el arroz. Agregue agua y deje que se cocine hasta que se absorba el agua. Revuelva ocasionalmente. Verter el arroz en un bol grande y dejar enfriar.

En otro tazón, combine el ¼ de taza de aceite de oliva restante, las hojuelas de pimiento rojo, las aceitunas, la cebolla verde, el pepino, el pimiento, la escarola, la menta, el romero, el ajo y el jugo de limón.

Agregue el arroz a la mezcla y mezcle. Agregue suavemente el queso feta.

Pruebe y ajuste la sazón. Atender.

Nutrición (por 100 g): 415 calorías 34 g de grasa 28,3 g de carbohidratos 7 g de proteína 4755 mg de sodio

Ensalada de habas frescas y atún

Tiempo de preparación: 5 minutos

Hora de cocinar: 20 minutos

Porciones: 6

Nivel de dificultad: fácil

Ingredientes:

- Frijoles frescos (sin cáscara) - 2 tazas
- hoja de laurel - 2
- Aceite de oliva virgen extra - 3 cucharadas.
- Vinagre de vino tinto - 1 cucharada.
- sal y pimienta negra
- Finest Tuna - 1 lata (6 oz), envasada en aceite de oliva
- Alcaparras saladas - 1 cucharada. empapado y secado
- Perejil de hoja plana finamente picado - 2 cucharadas.
- Cebolla roja - 1, picada

Indicación:

Hervir agua ligeramente salada en una olla. Agrega los frijoles y las hojas de laurel; Luego cocine durante 15 a 20 minutos, o hasta que los frijoles estén tiernos pero aún firmes. Escurra, elimine los aromáticos y transfiéralo a un tazón.

Sazone los frijoles inmediatamente con vinagre y aceite. Agregue sal y pimienta negra. Mezclar bien y sazonar con especias. Escurra el atún y mezcle la carne de atún con la ensalada de frijoles. Agregue el perejil y las alcaparras. Mezclar y esparcir sobre las rodajas de cebolla roja. Atender.

Nutrición (por 100 g): 85 calorías 7,1 g de grasa 4,7 g de carbohidratos 1,8 g de proteína 863 mg de sodio

Deliciosa pasta de pollo

Tiempo de preparación: 10 minutos

Hora de cocinar: 17 minutos

Porciones: 4

Nivel de dificultad: fácil

Ingredientes:

- 3 pechugas de pollo deshuesadas y sin piel, cortadas en trozos
- 300 g de pasta integral
- 1/2 taza de aceitunas, en rodajas
- 1/2 taza de tomates secados al sol
- 1 cucharada de pimiento rojo asado, picado
- Lata de 14 onzas de tomates, cortados en cubitos
- 2 tazas de salsa marinara
- 1 taza de caldo de pollo
- Pimienta
- sal

Indicación:

Coloque todos los ingredientes excepto la pasta de trigo integral en la olla instantánea.

Cierre la tapa y cocine a temperatura alta durante 12 minutos.

Cuando haya terminado, deje que la presión disminuya naturalmente. Retire la tapa.

Agregue la pasta y mezcle bien. Vuelva a cerrar la olla, seleccione la configuración manual y configure el temporizador durante 5 minutos.

Cuando haya terminado, libere la presión durante 5 minutos, luego libere el resto con la liberación rápida. Retire la tapa. Mezclar bien y servir.

Nutrición (por 100 g): 615 calorías 15,4 g de grasa 71 g de carbohidratos 48 g de proteína 631 mg de sodio

tacos mediterraneos

Tiempo de preparación: 10 minutos

Hora de cocinar: 14 minutos

Porciones: 8

Nivel de dificultad: medio

Ingredientes:

- 1 libra de carne molida
- 8 onzas de queso cheddar, rallado
- Lata de 14 onzas de frijoles rojos
- 2 onzas de condimento para tacos
- 16 onzas de salsa
- 2 tazas de agua
- 2 tazas de arroz integral
- Pimienta
- sal

Indicación:

Configure Instant Pot en modo salteado.

Agregue la carne a la olla y cocine hasta que se dore.

Agregue el agua, los frijoles, el arroz, el condimento para tacos, la pimienta y la sal y mezcle bien.

Vierta la salsa por encima. Cierre la tapa y cocine a temperatura alta durante 14 minutos.

Cuando haya terminado, libere la presión con la liberación rápida. Retire la tapa.

Agregue el queso cheddar y revuelva hasta que el queso se derrita.

Servir y disfrutar.

Nutrición (por 100 g): 464 calorías 15,3 g de grasa 48,9 g de carbohidratos 32,2 g de proteína 612 mg de sodio

Sabrosos macarrones con queso

Tiempo de preparación: 10 minutos
Hora de cocinar: 10 minutos
Porciones: 6
Nivel de dificultad: fácil

Ingredientes:

- 500 g de pasta de codo integral
- 4 tazas de agua
- 1 taza de tomates picados
- 1 cucharadita de ajo picado
- 2 cucharadas de aceite de oliva
- 1/4 taza de cebolla verde, picada
- 1/2 taza de queso parmesano rallado
- 1/2 taza de mozzarella rallada
- 1 taza de queso cheddar, rallado
- 1/4 taza de puré
- 1 taza de leche de almendras sin azúcar
- 1 taza de alcachofas marinadas, cortadas en cubitos
- 1/2 taza de tomates secados al sol, en rodajas
- 1/2 taza de aceitunas, en rodajas
- 1 cucharadita de sal

Indicación:

Agregue la pasta, el agua, los tomates, el ajo, el aceite y la sal a la olla instantánea y mezcle bien. Cubra con una tapa y cocine a fuego alto.

Cuando haya terminado, libere la presión durante unos minutos y luego libere el resto con un vaciado rápido. Retire la tapa.

Ponga la olla en modo salteado. Agregue las cebollas verdes, el parmesano, la mozzarella, el queso cheddar, la salsa de tomate, la leche de almendras, las alcachofas, los tomates secos y las aceitunas. Mezclar bien.

Mezcle bien y cocine hasta que el queso se derrita.

Servir y disfrutar.

Nutrición (por 100 g): 519 calorías 17,1 g de grasa 66,5 g de carbohidratos 25 g de proteína 588 mg de sodio

Arroz con Pepino y Aceitunas

Tiempo de preparación: 10 minutos
Hora de cocinar: 10 minutos
Porciones: 8
Nivel de dificultad: medio

Ingredientes:

- 2 tazas de arroz, enjuagado
- 1/2 taza de aceitunas sin hueso
- 1 taza de pepino picado
- 1 cucharada de vinagre de vino tinto
- 1 cucharadita de cáscara de limón rallada
- 1 cucharada de jugo de limón fresco
- 2 cucharadas de aceite de oliva
- 2 tazas de caldo de verduras
- 1/2 cucharadita de orégano seco
- 1 pimiento rojo picado
- 1/2 taza de cebolla picada
- 1 cucharada de aceite de oliva
- Pimienta
- sal

Indicación:

Agregue aceite a la olla interior de Instant Pot y configure la olla en modo salteado. Añadir la cebolla y sofreír durante 3 minutos. Agrega el pimentón y el orégano y saltea por 1 minuto.

Añadir el arroz y el caldo y mezclar bien. Cierre la tapa y cocine a temperatura alta durante 6 minutos. Una vez hecho esto, deje que se libere la presión durante 10 minutos y libere el resto con la liberación rápida. Retire la tapa.

Agregue los demás ingredientes y mezcle bien para combinar. Sirve inmediatamente y disfruta.

Nutrición (por 100 g): 229 calorías 5,1 g de grasa 40,2 g de carbohidratos 4,9 g de proteína 210 mg de sodio

Risotto de hierbas aromáticas

Tiempo de preparación: 10 minutos

Hora de cocinar: 15 minutos

Porciones: 4

Nivel de dificultad: medio

Ingredientes:

- 2 tazas de arroz
- 2 cucharadas de parmesano rallado
- 100 g de nata
- 1 cucharada de orégano fresco, picado
- 1 cucharada de albahaca fresca, picada
- 1/2 cucharada de salvia picada
- 1 cebolla, picada
- 2 cucharadas de aceite de oliva
- 1 cucharadita de ajo picado
- 4 tazas de caldo de verduras
- Pimienta
- sal

Indicación:

Agregue aceite a la olla interior de Instant Pot y cambie la olla al modo saltear. Agregue el ajo y la cebolla a la sartén interior de Instant Pot y presione la olla para saltear. Añadir el ajo y la cebolla y sofreír durante 2-3 minutos.

Agregue los demás ingredientes excepto el queso parmesano y la crema y mezcle bien. Cierre la tapa y cocine a temperatura alta durante 12 minutos.

Cuando haya terminado, libere la presión durante 10 minutos, luego libere el resto con la liberación rápida. Retire la tapa. Mezcle la crema y el queso y sirva.

Nutrición (por 100 g): 514 calorías 17,6 g de grasa 79,4 g de carbohidratos 8,8 g de proteína 488 mg de sodio

Deliciosas pastas Primavera

Tiempo de preparación: 10 minutos

Hora de cocinar: 4 minutos

Porciones: 4

Nivel de dificultad: fácil

Ingredientes:

- 250 g de penne integral
- 1 cucharada de jugo de limón fresco
- 2 cucharadas de perejil fresco picado
- 1/4 taza de almendras blanqueadas
- 1/4 taza de parmesano rallado
- Lata de 14 onzas de tomates, cortados en cubitos
- 1/2 taza de ciruelas pasas
- 1/2 taza de calabacín, picado
- 1/2 taza de espárragos
- 1/2 taza de zanahorias, picadas
- 1/2 taza de brócoli, picado
- 1 3/4 tazas de caldo de verduras
- Pimienta
- sal

Indicación:

Agregue el caldo, las chirivías, los tomates, las ciruelas pasas, el calabacín, los espárragos, las zanahorias y el brócoli a la olla instantánea y mezcle bien. Tape y cocine a fuego alto durante 4 minutos. Cuando haya terminado, libere la presión con la liberación rápida. Retire la tapa. Mezcle bien los ingredientes restantes y sirva.

Nutrición (por 100 g): 303 calorías 2,6 g de grasa 63,5 g de carbohidratos 12,8 g de proteína 918 mg de sodio

Pasta con pimientos al horno

Tiempo de preparación: 10 minutos
Hora de cocinar: 13 minutos
Porciones: 6
Nivel de dificultad: medio

Ingredientes:

- 1 libra. pasta penne de trigo integral
- 1 cucharada de condimento italiano
- 4 tazas de caldo de verduras
- 1 cucharada de ajo picado
- 1/2 cebolla, picada
- Pimientos rojos asados en tarro de 14 oz
- 1 taza de queso feta, desmenuzado
- 1 cucharada de aceite de oliva
- Pimienta
- sal

Indicación:

Agregue el pimiento asado a la licuadora y mezcle hasta que quede suave. Agregue aceite a la olla interior de Instant Pot y configure la olla en modo salteado. Agregue el ajo y la cebolla a la olla interior de Instant Pot y saltee. Añadir el ajo y la cebolla y sofreír durante 2-3 minutos.

Añadir el puré de pimientos asados y saltear durante 2 minutos.

Agregue los ingredientes restantes excepto el queso feta y mezcle bien. Cierra bien y cocina a fuego fuerte durante 8 minutos. Cuando haya terminado, libere la presión de forma natural durante 5 minutos, luego libere el resto con la liberación rápida. Retire la tapa. Espolvorear con queso feta y servir.

Nutrición (por 100 g): 459 calorías 10,6 g de grasa 68,1 g de carbohidratos 21,3 g de proteína 724 mg de sodio

Queso Albahaca Tomate Arroz

Tiempo de preparación: 10 minutos
Hora de cocinar: 26 minutos
Porciones: 8
Nivel de dificultad: medio

Ingredientes:

- 1 taza y media de arroz integral
- 1 taza de queso parmesano rallado
- 1/4 taza de albahaca fresca, picada
- 2 tazas de tomates cherry, cortados a la mitad
- 250 g de salsa de tomate
- 1 3/4 tazas de caldo de verduras
- 1 cucharada de ajo picado
- 1/2 taza de cebolla, picada
- 1 cucharada de aceite de oliva
- Pimienta
- sal

Indicación:

Agregue aceite al recipiente interior de la olla instantánea y retire la olla para freír. Coloque el ajo y la cebolla en la olla interior de Instant Pot y colóquelos en la sartén. Agregue el ajo y la cebolla y saltee durante 4 minutos. Agregue el arroz, la salsa de tomate, el caldo, la pimienta y la sal y mezcle bien.

Tape y cocine a fuego alto durante 22 minutos.

Cuando haya terminado, deje que se libere la presión durante 10 minutos y luego libere el residuo con la liberación rápida. Retire la tapa. Agregue los ingredientes restantes y mezcle. Servir y disfrutar.

Nutrición (por 100 g): 208 calorías 5,6 g de grasa 32,1 g de carbohidratos 8,3 g de proteína 863 mg de sodio

pastas con atún

Tiempo de preparación: 10 minutos
Hora de cocinar: 8 minutos
Porciones: 6
Nivel de dificultad: medio

Ingredientes:

- 10 onzas de atún escurrido
- 15 onzas de pasta rotini de trigo integral
- 100 g de mozzarella, cortada en cubos
- 1/2 taza de queso parmesano rallado
- 1 cucharadita de albahaca seca
- 14 oz lata de tomates
- 4 tazas de caldo de verduras
- 1 cucharada de ajo picado
- 8 onzas de champiñones, en rodajas
- 2 calabacines, en rodajas
- 1 cebolla, picada
- 2 cucharadas de aceite de oliva
- Pimienta
- sal

Indicación:

Vierta aceite en la olla interior de Instant Pot y presione la olla sobre la freidora. Agregue los champiñones, los calabacines y las cebollas y cocine hasta que las cebollas estén blandas. Añadir el ajo y sofreír durante un minuto.

Agregue la pasta, la albahaca, el atún, los tomates y el caldo y mezcle bien. Tape y cocine a fuego alto durante 4 minutos. Cuando haya terminado, libere la presión durante 5 minutos y luego libere el resto con una liberación rápida. Retire la tapa. Agregue los demás ingredientes y mezcle bien y sirva.

Nutrición (por 100 g): 346 calorías 11,9 g de grasa 31,3 g de carbohidratos 6,3 g de proteína 830 mg de sodio

Sándwiches mixtos de aguacate y pavo

Tiempo de preparación: 5 minutos

Hora de cocinar: 8 minutos

Porciones: 2

Nivel de dificultad: fácil

Ingredientes:

- 2 pimientos rojos, asados y cortados en tiras
- ¼ lb de pechuga de pavo ahumada con mezquite en rodajas finas
- 1 taza de hojas enteras de espinacas frescas, divididas
- 2 rebanadas de provolone
- 1 cucharada de aceite de oliva, dividido
- 2 rollos de chapata
- ¼ taza de mayonesa
- ½ aguacate maduro

Indicación:

Machaca bien la mayonesa y el aguacate en un bol. Luego precaliente la prensa Panini.

Cortar los panecillos por la mitad y untar el pan con aceite de oliva. Luego rellenamos con el relleno, haciendo capas una tras otra: queso provolone, pechuga de pavo, pimiento asado, hojas de espinaca y untamos con la mezcla de aguacate y cubrimos con la segunda rebanada de pan.

Coloque el sándwich en la prensa Panini y cocine a la parrilla durante 5 a 8 minutos, hasta que el queso se derrita y el pan esté crujiente y blando.

Nutrición (por 100 g): 546 calorías 34,8 g de grasa 31,9 g de carbohidratos 27,8 g de proteína 582 mg de sodio

Pollo con pepino y mango

Tiempo de preparación: 5 minutos

Hora de cocinar: 20 minutos

Porciones: 1

Nivel de dificultad: difícil

Ingredientes:

- ½ pepino mediano, rebanado a lo largo
- ½ mango maduro
- 1 cucharada de aderezo para ensalada de su elección
- 1 tortilla de trigo integral
- Rebanada de pechuga de pollo de 1 pulgada de grosor y aproximadamente 6 pulgadas de largo
- 2 cucharadas de aceite para freír
- 2 cucharadas de harina de trigo integral
- 2-4 hojas de lechuga
- Sal y pimienta para probar

Indicación:

Corte las pechugas de pollo en tiras de 1 pulgada y cocine solo las tiras de 6 pulgadas. Serían como dos tiras de pollo. Guarde el pollo sobrante para uso futuro.

Sazone el pollo con pimienta y sal. Pasar por harina integral.

Coloque una sartén antiadherente pequeña a fuego medio y caliente el aceite. Una vez que el aceite esté caliente, agregue los fideos de pollo y fríalos hasta que estén dorados, unos 5 minutos por cada lado.

Mientras se cocina el pollo, coloque las tortillas en el horno y hornee de 3 a 5 minutos. Luego reservar y transferir a un plato.

Corta el pepino a lo largo, usa solo la mitad y reserva el resto. Pelar el pepino picado y quitar las semillas. Coloque dos rodajas de pepino sobre la tortilla, a 1 pulgada del borde.

Cortar el mango y reservar la otra mitad con las semillas. Pela el mango sin semillas, córtalo en tiras y colócalo encima del pepino en la tortilla.

Una vez que el pollo esté cocido, coloque el pollo junto al pepino en una fila.

Agregue una hoja de pepino, rocíe con el aderezo para ensaladas de su elección.

Enrolla la tortilla, sirve y disfruta.

Nutrición (por 100 g): 434 calorías 10 g de grasa 65 g de carbohidratos 21 g de proteína 691 mg de sodio

Fattoush - pan de Oriente Medio

Tiempo de preparación: 10 minutos

Hora de cocinar: 15 minutos

Porciones: 6

Nivel de dificultad: difícil

Ingredientes:

- 2 hogazas de pan de pita
- 1 cucharada de aceite de oliva virgen extra
- 1/2 cucharadita de zumaque, más para después
- Sal y pimienta
- 1 corazón de lechuga romana
- 1 pepino inglés
- 5 tomates romanos
- 5 cebollas verdes
- 5 rábanos
- 2 tazas de ramitas de perejil fresco picado
- 1 taza de hojas de menta fresca picada
- <u>Ingredientes para condimentar:</u>
- 1 1/2 limas, jugo de
- 1/3 taza de aceite de oliva virgen extra
- Sal y pimienta
- 1 cucharadita de zumaque molido
- 1/4 cucharadita de canela molida
- apenas 1/4 de cucharadita de pimienta de Jamaica molida

Indicación:

Tostar el pan de pita en la tostadora durante 5 minutos. Y luego rompe el pan de pita en pedazos.

Caliente 3 cucharadas de aceite de oliva en una sartén grande a fuego medio durante 3 minutos. Agrega el pan de pita y fríe hasta que esté dorado, unos 4 minutos, revolviendo.

Agregue sal, pimienta y 1/2 cucharadita de zumaque. Retire los chips de pita del fuego y colóquelos sobre papel absorbente para que se escurran.

En una ensaladera grande, mezcle bien la lechuga picada, el pepino, los tomates, la cebolla verde, el rábano picado, las hojas de menta y el perejil.

Para hacer la vinagreta de lima, mezcle todos los ingredientes en un tazón pequeño.

Mezcle el aderezo en la ensalada y mezcle bien. Agregue pan de pita.

Servir y disfrutar.

Nutrición (por 100 g): 192 calorías 13,8 g de grasa 16,1 g de carbohidratos 3,9 g de proteína 655 mg de sodio

Focaccia de ajo y tomate sin gluten

Tiempo de preparación: 5 minutos

Hora de cocinar: 20 minutos

Porciones: 8

Nivel de dificultad: difícil

Ingredientes:

- 1 huevo
- ½ cucharadita de jugo de limón
- 1 cucharada de miel
- 4 cucharadas de aceite de oliva
- una pizca de azúcar
- 1 ¼ taza de agua tibia
- 1 cucharada de levadura seca activa
- 2 cucharaditas de romero picado
- 2 cucharaditas de tomillo picado
- 2 cucharaditas de albahaca picada
- 2 dientes de ajo, picados
- 1 ¼ cucharadita de sal marina
- 2 cucharaditas de goma xantana
- ½ taza de harina de mijo
- 1 taza de fécula de patata, no harina
- 1 taza de harina de sorgo
- Harina de maíz sin gluten para espolvorear

Indicación:

Encienda el horno durante 5 minutos y luego apáguelo, dejando la puerta del horno cerrada.

Mezcla agua tibia y una pizca de azúcar. Agregue la levadura y mezcle suavemente. Dejar actuar durante 7 minutos.

En un tazón grande, mezcle las hierbas, el ajo, la sal, la goma xantana, el almidón y la harina. Una vez que la levadura haya subido, viértela en el bol con la harina. Batir los huevos, el jugo de limón, la miel y el aceite de oliva.

Mezclar bien y colocar en un molde cuadrado bien engrasado espolvoreado con maicena. Cubra con ajo fresco, otras hierbas y tomates picados. Póngalo en un horno caliente y déjelo crecer durante media hora.

Encienda el horno a 375oF y luego precaliente por 20 minutos. La focaccia se cocina cuando la parte superior está ligeramente tostada. Retire inmediatamente la fuente del horno y deje que se enfríe. Debe servirse caliente.

Nutrición (por 100 g): 251 calorías 9 g de grasa 38,4 g de carbohidratos 5,4 g de proteína 366 mg de sodio

Hamburguesa a la plancha con champiñones

Tiempo de preparación: 15 minutos
Hora de cocinar: 10 minutos
Porciones: 4
Nivel de dificultad: medio

Ingredientes:

- 2 lechugas, partidas a la mitad
- 4 rodajas de cebolla roja
- 4 rodajas de tomates
- 4 bollos de trigo integral, tostados
- 2 cucharadas de aceite de oliva
- ¼ de cucharadita de pimienta de cayena, opcional
- 1 diente de ajo, picado
- 1 cucharada de azúcar
- ½ taza de agua
- 1/3 taza de vinagre balsámico
- 4 tapas grandes de champiñones portobello, de aproximadamente 5 pulgadas de diámetro

Indicación:

Retire los tallos de los champiñones y límpielos con un paño húmedo. Transfiera a una fuente para horno con las branquias hacia arriba.

En un recipiente, mezcle bien el aceite de oliva, la pimienta de cayena, el ajo, el azúcar, el agua y el vinagre. Verter sobre los champiñones y marinar los champiñones en el ref durante al menos una hora.

A medida que se acerca la hora, precaliente la parrilla a fuego medio-alto y engrase la parrilla.

Asa los champiñones durante cinco minutos por cada lado o hasta que estén tiernos. Pintar los champiñones con la marinada para que no se sequen.

Para armar, coloque ½ sándwich en un plato, decore con gajos de cebolla, champiñones, tomates y una hoja de lechuga. Cubra con la otra mitad superior del sándwich. Repita con los ingredientes restantes, sirva y disfrute.

Nutrición (por 100 g): 244 calorías 9,3 g de grasa 32 g de carbohidratos 8,1 g de proteína 693 mg de sodio

Mediterráneo Baba Ghanoush

Tiempo de preparación: 10 minutos
Hora de cocinar: 25 minutos
Porciones: 4
Nivel de dificultad: medio

Ingredientes:

- 1 cebolla de ajo
- 1 pimiento rojo, cortado a la mitad y sin semillas
- 1 cucharada de albahaca fresca picada
- 1 cucharada de aceite de oliva
- 1 cucharadita de pimienta negra
- 2 berenjenas, cortadas a lo largo
- 2 rondas de focaccia o pita
- Jugo de 1 limón

Indicación:

Cubra la parrilla con aceite en aerosol y precaliente la parrilla a temperatura media-alta.

Corta la parte superior del ajo en rodajas y envuélvelas en papel aluminio. Colocar en la parte más fría de la parrilla y asar durante al menos 20 minutos. Coloque las rodajas de pimiento y berenjena en la parte más caliente de la parrilla. Rejilla para ambos lados.

Una vez que las cebollas estén listas, pele las pieles de ajo asado y coloque el ajo pelado en un procesador de alimentos. Agregue aceite de oliva, pimienta, albahaca, jugo de limón, pimiento rojo asado y berenjena asada. Mezclar y verter en un bol.

Asa el pan durante al menos 30 segundos por cada lado para que se caliente. Sirve el pan con el puré y disfruta.

Nutrición (por 100 g): 231,6 calorías 4,8 g de grasa 36,3 g de carbohidratos 6,3 g de proteína 593 mg de sodio

www.ingramcontent.com/pod-product-compliance
Lightning Source LLC
Chambersburg PA
CBHW071237080526
44587CB00013BA/1663